WIR HABEN UNSEREN STAND, UNSERE VOLLSTÄNDIGE IDENTITÄT IN DER **NEUEN SCHÖPFUNG**, DIE DURCH ERKENNTNIS GEMÄẞ DEM EXAKTEN EBENBILD UNSERES SCHÖPFERS ERNEUERT WIRD.
(KOL 3,10 MIR)

Beyond Human
Justin Paul Abraham
www.companyofburninghearts.com

Copyright © 2016 by Justin Paul Abraham

All rights reserved. This book is protected by the USA, UK and international copyright laws. This book may not be copied or reprinted for commercial gain or profit. The use of short quotations or occasional page copying for personal or group study is permitted and encouraged. Permission will be granted upon request.

Cover art by Oliver Pengilley
www.oliverpengilley.co.uk

Published by Seraph Creative in 2016
United States / United Kingdom / South Africa / Australia
www.seraphcreative.org

Typesetting & Layout by Feline
www.felinegraphics.com

Printed in USA, UK and RSA, 2016

All rights reserved. No part of this book, artwork included, may be used or reproduced in any matter without the written permission of the publisher.

Titel der Originalausgabe: *Beyond Human*
Auflage 2021
Übersetzung: Nikola Schlüter

ISBN 978-1-922428-35-6

ÜBERMENSCHLICH

JUSTIN PAUL ABRAHAM

PUBLISHED BY SERAPH CREATIVE

WIDMUNG:

Zu Ehren von

ERIC JOHN DAVIES
1928-2011

Er hinterließ ein geistliches Erbe für viele zukünftige Generationen.

INHALTSVERZEICHNIS

Prolog: Die Morgendämmerung	6
TEIL EINS: EINFÜHRUNG	**9**
Die kommende Ernte	11
Die Kainos-Söhne	15
Mystische Co-Mission	19
TEIL ZWEI: ÜBERMENSCHLICH	**23**

Kapitel 1:	Von Zion aus leben	25
Kapitel 2:	Gemeinschaft mit Engeln	35
Kapitel 3:	Die Wolke der Zeugen	45
Kapitel 4:	Von Natur aus telepathisch	53
Kapitel 5:	Telepathische „Hubs": ein Leib	59
Kapitel 6:	Fernsicht	65
Kapitel 7:	Wissenseingebungen	73
Kapitel 8:	Übernatürliche Versetzung	83
Kapitel 9:	Metamorphose	91
Kapitel 10:	Dimensionswechsel	101
Kapitel 11:	Nahrungslosigkeit (Inedia): ausgedehntes Fasten	109
Kapitel 12:	Jenseits von Schlaf: die Nachtzeit auskaufen	119
Kapitel 13:	Herrschaft über die Schöpfung	129
Kapitel 14:	Der himmlische Konflikt	139
Kapitel 15:	Sich mit Mächten auseinandersetzen	147

Epilog: Jenseits der Erde. Die kosmischen Auswirkungen	155
Bibelübersetzungen	164
Quellenangaben	167
BONUS-KAPITEL: In der Luft laufen	175

PROLOG: DIE MORGENDÄMMERUNG

Ist dir schon aufgefallen, dass sich die Welt rapide verändert?

Künstliche Intelligenz ist kurz davor, menschliche Bewusstseinsebenen zu erreichen.

Die Wissenschaft wächst in ihrem Quantenverständnis des transdimensionalen Kosmos.

Der genetische Code wird entschlüsselt und manipuliert und zwingt so der Natur unserer Spezies Veränderungen auf.

Radikale Bewegungen erobern unseren Planeten und bringen massive gesellschaftliche Veränderungen mit sich.

Wir befinden uns im Zeitalter der größten Veränderungen seit Jahrhunderten – vielleicht sogar im größten Umbruch der Menschheitsgeschichte.

Die Menschheit erwacht.

Der lange Schlummer ist vorbei. Die Härte ist dahingeschmolzen.

Die Zeichen, dass unsere Spezies zu etwas Größerem bestimmt ist, sind überall sichtbar.

Der US-amerikanische Prophet Larry Randolph schreibt:

Die Welt nähert sich rapide einer Zeit übernatürlichen Bewusstseins. Wahrsagerei, telepathische Kommunikation, Handlesen, Horoskop-Vorhersagen und andere paranormale Aktivitäten werden immer populärer.

Unser Wunsch, von der anderen Seite zu hören, hat eine ganze Armee von Wahrsagern und Medien produziert, die man anheuern kann, die teilweise sogar Promi-Status haben und die angeblich unsere Vergangenheit sehen, uns die Zukunft vorhersagen und mit unseren toten Verwandten kommunizieren können. Täglich

werden wir mit dem Gedröhne von Einblicken ins Unbekannte bombardiert.

Was sagt uns das?¹

Ich denke, es sagt uns, dass Kapitalismus, Atheismus und Modernismus nicht ins Schwarze getroffen haben. Das institutionalisierte Kontrollsystem der Religion konnte die geistlichen Bedürfnisse nicht befriedigen. Wir besitzen mehr als irgendeine Generation vor uns, fühlen uns aber so leer wie noch nie.

Es rührt sich etwas in unserer Spezies. Der Schrei der globalen Gebetsbewegungen und Gebetshäuser in den letzten Jahrzehnten wird beantwortet. Der Himmel reagiert.

Tief in uns spüren wir einen Schmerz, dass es mehr für uns geben muss. Einen Traum, der uns einfach nicht loslässt. So wie der prophetische Schriftsteller C.S. Lewis einst sagte:

Wenn ich in mir Sehnsüchte vorfinde, die durch nichts in der Welt zu befriedigen sind, dann ist die einzig schlüssige Erklärung dafür, dass ich für eine andere Welt geschaffen wurde.²

Diese andere Welt ruft. Diese andere Welt ist unser wahres Zuhause.

Zuerst war es ein sanftes Flüstern, tief versteckt in unserem Verstand, das unsere unbewussten Träume immer wieder heimsuchte. Jetzt ist es ein Schrei. Und er dröhnt durch High Definition Hollywoodfilme, mystische Bücher und eine vom Übernatürlichen durchdrungene Kultur auf uns ein.

Die Zeit übernatürlicher Neutralität ist vorbei (Rick Joyner).³

Die Wolke zieht weiter und wir sollten lieber mitziehen (Patricia King).⁴

Es gibt eine Stimme, die unsere Spezies zurück zur Blaupause, zu unserem ursprünglichen Design ruft.

Eine Stimme, die uns aus Unwissenheit in eine expansive Zukunft ruft, weit über unsere wildesten Träume hinaus. Eine Zukunft weit über Grenzen von Zeit und Raum, über den Verstand und den physischen Körper hinaus.

Eine Zukunft im „Übermenschlichen".

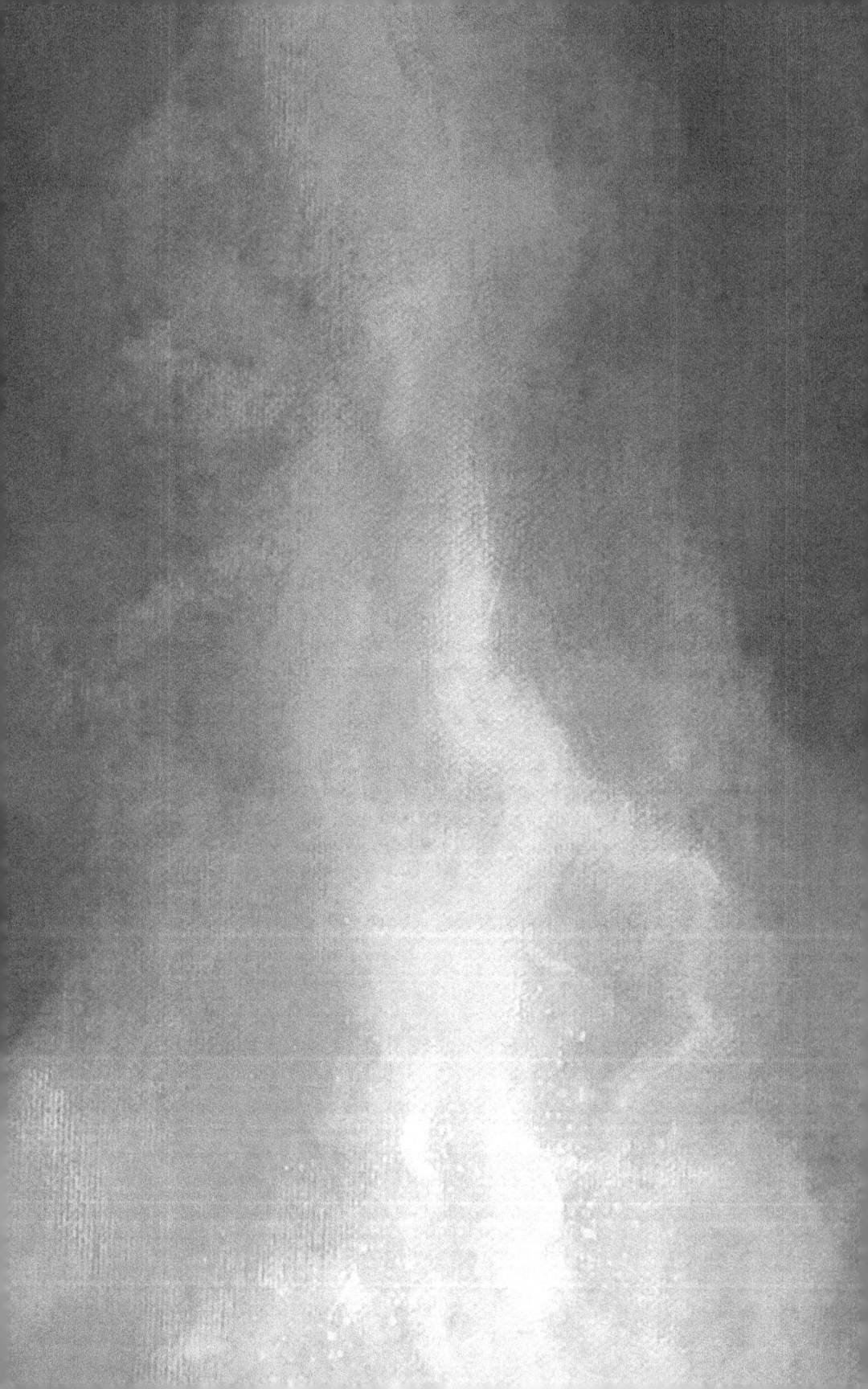

TEIL EINS: EINFÜHRUNG

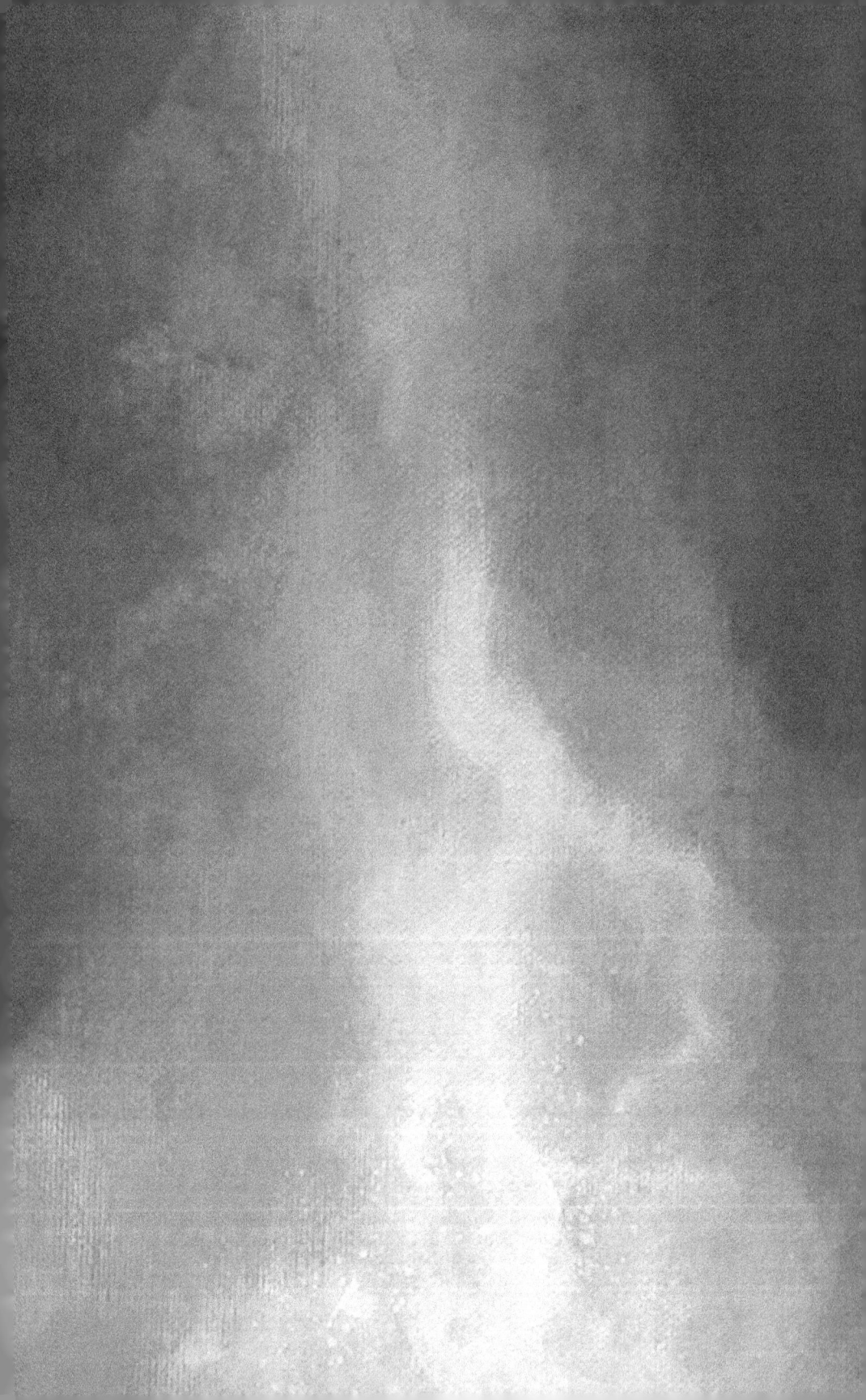

DIE KOMMENDE ERNTE

Und es wird geschehen in den letzten Tagen, deklariert Gott, dass ich meinen Geist auf die GESAMTE Menschheit ausgießen werde (AMPC) ... auf jeden (CJB) ... auf alle Menschen (ERV) (Apg 2,17).

Die Sturmwolken für die größte Ausgießung aller Zeiten formieren sich, eine globale Invasion außergewöhnlicher Gnade, die ein weltweites geistliches Erwachen und die Heilung der Nationen hervorbringen wird.

Viele Propheten haben in den letzten hundert Jahren diese außergewöhnlichen Ereignisse bereits kommen sehen, unter ihnen auch der Prophet Paul Cain. Über mehrere Jahre verteilt hatte Paul verschiedene tranceartige Visionen von der Zukunft. Es war, als öffnete sich eine Kinoleinwand vor seinen Augen. In diesen tief geistlichen Erfahrungen sah Paul Menschenmengen, die in Stadien strömten und von ekstatischer Anbetung erfüllt waren. Die Nachrichten berichteten Tag und Nacht von atemberaubenden Zeichen und große Sportveranstaltungen wurden abgesagt, um Raum für die Erweckung zu schaffen. Eine noch nie dagewesene Erweckung!

Im September 1987 empfing Rick Joyner (MorningStar Ministries) eine panoramaartige Vision der Zukunft. In dieser ungewöhnlichen Serie von Begegnungen sah Rick eine Ausgießung des Geistes, die dazu bestimmt war, jede frühere historische Erweckung in den Schatten zu stellen. Rick schreibt darüber in seinem Buch *Die Vision einer Ernte*:

In allen Nationen werden Menschenmassen zum Herrn strömen. Der Zustrom wird so groß sein, dass an manchen Orten sehr junge Christen Pastoren von großen Gemeinden sein werden. Arenen und Stadien werden jeden Abend aus allen Nähten platzen, wenn die Gläubigen zusammenkommen, um die Apostel und Lehrer zu hören.

Es wird große, spontane Versammlungen geben, die ganze Städte in Bewegung setzen. Außergewöhnliche Wunder werden normal sein, während solche, die heute als besonders angesehen werden, von jungen Gläubigen fast beiläufig bewirkt werden werden. Engelserscheinungen werden für die Heiligen absolut normal sein und eine sichtbare Herrlichkeit Gottes wird auf einigen sogar für längere Zeit erscheinen und Kraft durch sie hindurchfließen.

Diese Ernte wird so gewaltig sein, dass niemand zum Vorbild der Urgemeinde zurückschauen wird, sondern alle sagen werden, dass der Herr tatsächlich seinen besten Wein für den Schluss aufgehoben hat! Die Urgemeinde war ein Erstlingsfruchtopfer, aber dies ist jetzt die echte Ernte![1]

Diese Verheißung außergewöhnlicher Gnade auf einer Generation findet sich auch in den Worten des Propheten Jesaja, der mit großer Erwartungsfreude in die Zukunft schaute:

Gott erscheint über dir, die Herrlichkeit seines Sonnenaufgangs bricht über dir an. Nationen werden zu deinem Licht kommen, Könige zur Helligkeit deines plötzlichen Sonnenscheins. Schau hoch! Sieh dich um! (...) Wenn du sie kommen siehst, wirst du lächeln – ein richtig breites Lächeln das Meer! Dein Herz wird anschwellen und ja, es wird bersten! (Jes 1-5, MSG).

Dieser Liebestsunami mag vielleicht klein beginnen, mit einigen wenigen, die aufstehen. Aber wenn er erst in Schwung gekommen ist und die Kraft der Gnade anzapft, wird die Welle unaufhaltsam sein und globale Auswirkungen haben.

Die Zeit wird aber kommen, wenn die Erde ERFÜLLT sein wird mit der Erkenntnis der Herrlichkeit des Herrn, so wie die Wasser das Meer (Hab 2,14 AMP).

Alle Enden der Welt werden sich erinnern und sich zum Herrn

wenden, und ALLE Familien in den Nationen werden vor dir anbeten (Ps 22,27 KJV).

Ich liebe das Wort „ALLE". Es ist an der Zeit, das Wort „alle" wieder ins Evangelium aufzunehmen!

Was nun kommt, geht über die Errettung von Seelen hinaus. Es ist eine umfassende, weltumspannende Reformation von Gesellschaft, Technologie, menschlicher Genetik, Ökonomie, Lebensstil und Spiritualität. Selbst die Natur und die Tiere werden von diesem Wandel mitgenommen werden.

Die Erde selbst wird physisch verändert werden.

**Leoparden werden neben jungen Ziegen liegen
und Wölfe neben Lämmern ruhen.
Kälber und Löwen werden gemeinsam fressen
und von kleinen Kindern gehütet werden (Jes 11,6 CEV).**

Eine Veränderung, die den gesamten Planeten auf eine höhere Frequenz bringt, eine höhere Dimension, die jeden berührt.

Trotz allem, aller Fehler, aller Verzögerungen (…) Die Liebe versagt nie!

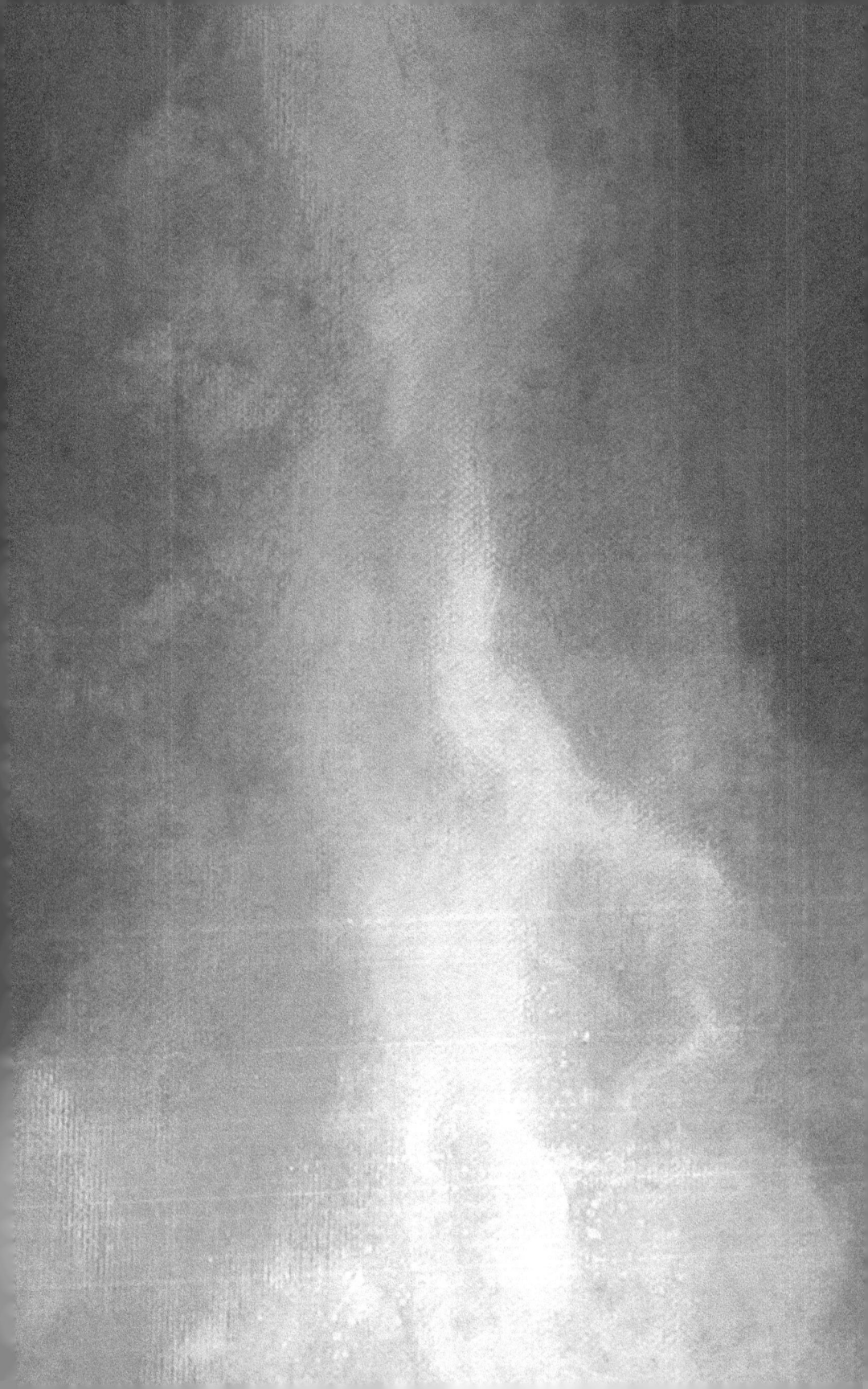

Um die Zukunft zu gestalten, müssen wir das herrliche Evangelium nochmals mit kindlichem Staunen betrachten! In den inspirierenden Briefen des Paulus stecken viele Geheimnisse. Verborgene Weisheit, die wir heute verstehen müssen, um voranzugehen. Kleine Schlüssel zu großen Türen!

Auf der Suche nach einem Wort, das die wundersame Veränderung beschreibt, die Christus im Herzen der Menschheit bewirkte, benutzte Paulus das griechische Wort „KAINOS"- Wesen. Ein Wort, das ich lieben gelernt habe.

Deshalb, wenn jemand EINS mit Christus ist, ist er ein NEUES („KAINOS") Geschöpf (2Kor 5,17 TCNT).

„KAINOS" ist ein sehr aufschlussreiches Wort, ein Wort, das dir helfen wird, das unglaubliche Wunder des Evangeliums zu ergreifen. Es wird dir einen Referenzrahmen dafür geben, wohin unsere Reise als Planet und als Spezies demnächst gehen wird.

Halte doch kurz inne, um das zu verdauen. „KAINOS" heißt nicht nur ‚neu', so als ob etwas Altes gegen etwas Neues ausgetauscht würde. Das ist nicht das Evangelium. Christus kam nicht, um Adam einfach gegen einen anderen, neueren Adam mit demselben menschlichen Wesen auszutauschen. Er war nicht vergleichbar mit einem Handyupgrade. Absolut nicht!

Jesus kam nicht, um ein neueres Nachfolgemodell für den alten, gefallenen Menschen zu schaffen. Er kam, um den alten Menschen zu zerstören und abzuschaffen und eine brandneue Spezies mit „KAINOS"-Design zu starten. Eine „übermenschliche" Spezies, die in göttlicher Vereinigung lebt und unbegrenztes Wachstumspotenzial hat.

Laut der Strong's Konkordanz[1] bedeutet „KAINOS":

Eine neue Art
noch nie dagewesen
neuartig
ungewöhnlich
gänzlich unbekannt

Hast du das gesehen? Noch nie dagewesen. Ich liebe das. Das heißt:

„ohne vorherige Erwähnung; bisher völlig unbekannt oder noch nie erlebt; beispiellos oder einmalig" (dictionary.com).

Das ist fast zu schön, um wahr zu sein, kaum zu verkraften. Das ist die Freude des Evangeliums! Die Welt hat noch nie etwas gesehen, das mit uns vergleichbar wäre. Nicht einmal Adam vor dem Sündenfall lässt sich mit dem vergleichen, was wir werden. Ja, das ist ein Mysterium! Ja, da gibt es noch viel zu lernen! Wir müssen mutig sein und auf Entdeckungsreise gehen!

Lass uns noch eine weitere Definition anschauen, um unser Verständnis zu erweitern. Wir müssen den Heiligen Geist bitten, das Wunder für uns zu entschlüsseln. Das *Vines Biblical Dictionary* definiert „KAINOS" als:

neu in Bezug auf Form und Qualität; von anderer Natur als das Alte, mit dem es verglichen wird.[2]

Ich weiß, dass das nur Worte auf einer Seite sind. Stoppe jetzt, mach eine Pause und versuche darüber nachzusinnen, was das bedeutet. Darin verbirgt sich so viel Glückseligkeit. Tiefe mystische Wahrheiten warten darauf, entdeckt zu werden.

Die Auswirkungen sind gewaltig und gehen weit über die typische sonntägliche Errettungspredigt mit einem „Ticket zum Himmel" hinaus. „KAINOS" bedeutet: unsterblich und ewig lebend, eine

Metamorphose.

Ihr seid erneuert (von neuem geboren) worden, nicht aus sterblichem Ursprung (Same, Spermium), sondern von jemandem, der durch das ewigwährende und dauerhafte Wort Gottes unsterblich ist (1Petr 1,23 AMPC).

„KAINOS" empfängt den Samen der DNA Gottes. Es handelt sich um eine komplett NEUE SCHÖPFUNG, die alles übertrifft und in den Schatten stellt, was vorher existierte. Es handelt sich um eine Gattung, die über die Begrenzungen des irdischen Lebens hinausgeht.

In diesem Leben der neuen Schöpfung macht deine Nationalität keinen Unterschied, genauso wenig wie deine Ethnie, Bildung oder dein ökonomischer Status – das alles zählt überhaupt nicht. Denn es ist Christus, der alles bedeutet, weil er in jedem einzelnen von uns lebt! (Kol 3,11 PAS).

Frei von den Begriffsbestimmungen der Erde - von Nationalität, Geschlecht und Genetik. Das alles kann uns nicht länger definieren. Wir können es uns nicht leisten, uns weiterhin durch diese alte Linse zu betrachten. So wie Paulus in 2. Korinther 5,16 sagt:

Von nun an betrachten wir niemanden mehr auf rein menschliche Art und Weise (KNO).

Wir kennen niemanden nur noch einfach als Mensch (WNT).

Wir bewerten Menschen nicht nach dem, was sie haben oder wie sie aussehen (...) Jetzt schauen wir aufs Innere und sehen, dass jeder, der mit dem Messias verbunden ist, einen Neustart geschenkt bekommt, neu erschaffen wird (MSG).

Wir arbeiten vielleicht im selben Büro. Trinken Kaffee im selben Starbucks. Schauen dieselben Filme an. Genießen dasselbe Currygericht! Aber wir sind nicht mehr dieselben. Wir müssen aufhören so zu tun, als wären wir etwas, das wir nicht sind. Wir sind jetzt völlig eingetaucht in die glühenden Dimensionen Gottes.

Das exakte Leben in Christus wiederholt sich nun in uns. Wir werden gemeinsam offenbart in derselben Glückseligkeit. Wir sind

in Einssein verbunden mit ihm, so wie sein Leben dich offenbart, offenbart dein Leben ihn! (Kol 3,4 MIR).

Hast du das gesehen? Einssein ... ich liebe es!!

Wir sind in einer gemeinsamen Welt mit Christus, die erfüllt ist von ewig lebenden Heiligen, zahlreichen Engeln und unbeschreiblichen Wundern. Eine Realität von zeitbeugenden Möglichkeiten und vielen dimensionalen Existenzebenen. Durchdrungen von übernatürlichen Kräften, Weisheit, Erkenntnis und vielem mehr. Eine expandierende Welt, die unsere kühnsten Träume übersteigt.

Wenn jemand in Christus ist ... ist er in einer neuen Welt (BE).

Wie fangen wir an, darin zu wandeln? Es ist ganz einfach. So einfach, dass es ein Kind begreift. Wir treten dort ein im Glauben. Wir glauben, dass Jesus die Tür ist, die uns FREIEN Zugang ermöglicht (Joh 10,9). Ein reines Gnadengeschenk. Wir können nichts tun, um uns das zu verdienen. Er macht uns gerecht.

Aus schierer Großzügigkeit brachte er uns in einen Stand der Gerechtigkeit vor sich selbst. Als reines Geschenk. Er holte uns aus unserem Durcheinander heraus und stellte uns wieder her in den Zustand, wo er uns schon immer haben wollte. Und er tat dies durch Jesus Christus (Röm 3,21-26 MSG).

Gott hat mich zusammen mit Christus lebendig gemacht. Wie könnte irgendein menschliches Bemühen dies noch übertreffen? Die Begriffe gemeinsam gekreuzigt und gemeinsam lebendig definieren mich jetzt. Christus in mir und ich in ihm! (Gal 2,19f. MIR).

Die Menschheit wurde mit Christus gemeinsam gekreuzigt. Es ist vollbracht und erledigt. Wir sind nun auch gemeinsam lebendig.

Die mysteriöse „übermenschliche" Rasse ist da.

MYSTISCHE CO-MISSION

Ich werde Wunder am Himmel und Wunder auf der Erde bewirken (Apg 2,19 CEV).

Erweckt das Evangelium dein Herz? Ich hoffe es. Ich hoffe, du wirst richtig weit gemacht für das herrliche Leben, das er für dich vorbereitet hat (Joh 10,10). Ein Leben von endloser Freude und erlöster Unschuld.

Jesus ist Gottes Gnadenumarmung der gesamten menschlichen Rasse. Hier sind wir nun und wir stehen aufrecht im Freudentaumel unserer erlösten Unschuld! Wir sind Gottes wahr gewordener Traum! (Röm 5,2 MIR).

Ich möchte die progressive Logik der letzten Kapitel noch etwas weiterführen. Ich bin zutiefst überzeugt vom Evangelium. Ich habe kurze Einblicke in die Zukunft erhalten und sie ist einfach herrlich.

Wie schnell sie auf uns zukommt! Wir sind viel dichter dran, als wir denken!

Und dies ⟨tut⟩ als solche, die die Zeit erkennen, dass die Stunde schon da ist, dass ihr aus dem Schlaf aufwacht! Denn jetzt ist unsere Rettung näher, als da wir zum Glauben kamen: Die Nacht ist weit vorgerückt, und der Tag ist nahe (Röm 13,11f ELB).

Bist du bereit? Bereit für die geistliche Revolution? Patricia King schreibt:

Vielleicht wird einiges, was der Herr tun wird, viele Menschen schockieren und in Ehrfurcht versetzen. So wie in den vergangenen historischen Revolutionsbewegungen wird es diejenigen geben,

die widerstehen und ihr Herz verhärten, die an den alten Wegen und Denkweisen festhalten möchten. Veränderung ist oftmals schwierig, weil sie uns dazu zwingt, festgefahrene Meinungen zu überdenken und willig zu sein, den Trott eines bequemen Lebensstils aufzugeben. Trotz derer, die der Revolution widerstehen, wird es solche geben, die sie befürworten, die mit ins Boot kommen und Jesus ins Neuland folgen. Einige Dinge, die Gott in diesen kommenden Tagen bewirken wird, sind nie zuvor geschehen. Es sind Dinge, die unser Vorstellungsvermögen erweitern und unseren Intellekt herausfordern werden.[1]

Wir sollten uns in der Tat darauf einstellen, wirklich gedehnt zu werden! Ich denke, dass unser Verstand „rauchen" wird. Schau dir einfach mal an, was die Leute zu Jesu Zeiten sagten:

**Wir haben heute wunderbare
und merkwürdige
und unglaubliche
und undenkbare
Dinge gesehen! (Lk 5,26 AMPC).**

Das werden wir wieder erleben. Ich höre immer wieder „verrückte Tage" im Geist.

„Tut, was ich tat, und mehr!" ruft Jesus immer noch. Der Himmel möchte, dass wir Erfolg haben.

Ich versichere euch, dass derjenige, der an mich glaubt, dieselben Dinge tun wird, die ich getan habe, ja, und er wird sogar größere Dinge als diese tun, denn ich gehe weg zum Vater. Worum immer ihr den Vater in meinem Namen bitten werdet, das werde ich tun – damit der Sohn den Vater verherrlicht. Und wenn ihr mich um irgendetwas in meinem Namen bittet, dann werde ich es gewähren (Joh 14,12 PHI).

Denk mal darüber nach – tun, was Jesus getan hat, und noch mehr.

In der Gemeinde sind wir Experten in der Lehre geworden. Wir haben den prophetischen Dienst, Heilungsräume, Seelsorge und Befreiung. Wir weissagen, kümmern uns um die Armen, engagieren uns in sozialen Dingen und predigen Errettung.

Aber warum ist die Gemeinde dort stehengeblieben? Hat jemand eine unsichtbare Linie gezogen?

Seit fast zweitausend Jahren steckt der Großteil der Gemeinde am Ufer des Unglaubens fest. Man hört stundenlang Predigten und steckt seine Ziele doch viel niedriger, als der ursprüngliche Plan war.

Die Veränderung ist bereits da. Die gegenwärtige Ausdrucksform von Christentum wird in den nächsten Jahrzehnten transformiert werden. Was jetzt kommen wird, wird niemals mehr geistlich irrelevant sein.

Bist du bereit dafür? Rick Joyner sagt:

Während wir uns auf das Ende dieses Zeitalters zubewegen, wird der Konflikt zwischen Licht und Finsternis immer übernatürlicher werden. Die Zeit, wo es möglich war, eine neutrale Position zum Übernatürlichen einzunehmen, ist vorbei.²

In den folgenden Kapiteln werden wir einige der erstaunlichen „KAINOS"-Werke erforschen, die die moderne Gemeinde vernachlässigt hat. Erforsche deine Fähigkeit zu träumen. Nimm dein Herz mit in die Erfahrung hinein. Erwecke dein Verlangen nach größtmöglicher Erfüllung zu deiner Lebenszeit.

Schritt für Schritt werden wir verschiedene Elemente der Realität der neuen Schöpfung untersuchen. Wir werden uns mit Themen befassen wie z.B. sich in verschiedenen Dimensionen zu bewegen, ohne Brot und Schlaf zu leben, einen Erkenntnis-Download zu empfangen, Dinge zu sehen, die weit entfernt passieren, mit Engeln zu wandeln, wundersame Versetzungen an andere Orte zu erleben und vieles mehr.

Wir werden in dieser einen Ausgabe nicht alle Möglichkeiten behandeln können. Das wäre dann ein ganz DICKES Buch. Ich habe mich kurzgefasst. Vielleicht werde ich in späteren Ausgaben noch einiges hinzufügen.

Mein Ziel ist es, in jedem Kapitel die Lehre auf drei Säulen aufzubauen – Jesus als ultimative Blaupause, die Heiligen als Vorbilder, denen wir folgen können, und dann noch Geschichten von integren Menschen aus der heutigen Zeit. Ich hoffe, dass das dein Vertrauen in die

Glaubwürdigkeit dessen, was ich geschrieben habe, stärkt.

Jedes Kapitel kann für sich allein als Meditation gelesen werden. Du kannst sie auch in Abfolge lesen oder im Buch hin- und herspringen, wie du möchtest.

Vielleicht hast du am Ende mehr Fragen als Antworten, aber das ist okay. Jede echte Form von Offenbarung sollte ein Bewusstsein erzeugen, dass es mehr zu entdecken gibt. Ergreife einfach die Schönheit des Mysteriums. Das ist der beste Weg.

Dies ist kein perfektes Buch. Ich bin mir sicher, dass in späteren Ausgaben einiges an Feinschliff vorgenommen werden wird. Dennoch wurde es mit viel Leidenschaft und Herzblut geschrieben. Es wurde aus meiner intimen Beziehung zu Jesus geschrieben.

Ich hoffe, du wirst es genießen.

TEIL ZWEI: ÜBERMENSCHLICH

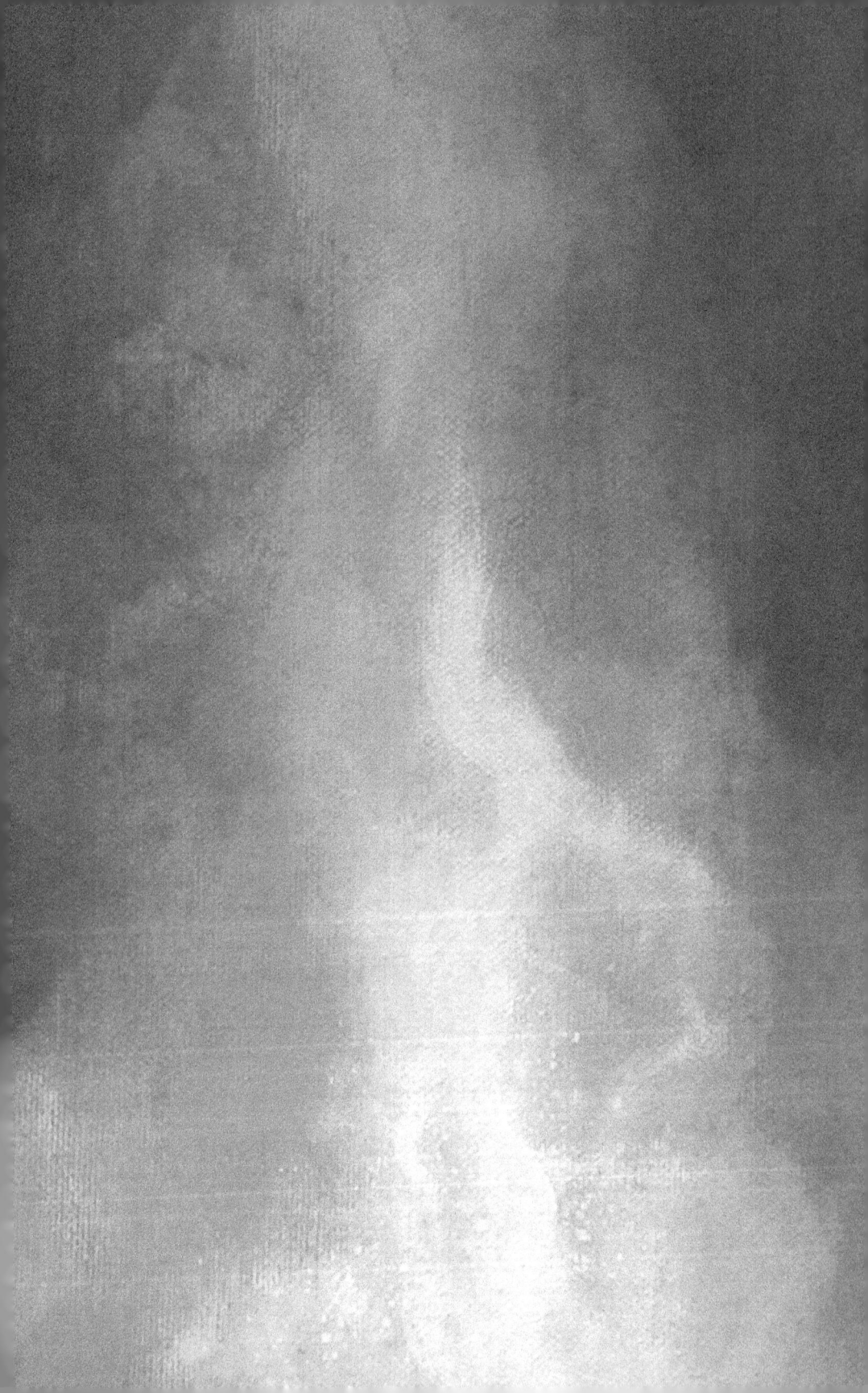

> **„Wir müssen die Zukunft vom Unsichtbaren her gestalten." Paul Keith Davis**[1]

Hast du schon den Film „Matrix" gesehen? Wenn nicht, schaue ihn dir mal testweise an. Ich denke, du wirst ihn mögen! Ich kann ihn wirklich empfehlen. Ich glaube wirklich, dass er eine prophetische Vision für die Ekklesia ist.

Die im Film behandelten Themen sind durchdrungen von Offenbarung: vom Überwinden des Systems, der Umgestaltung der physischen Welt, dem Springen über Gebäude bis hin zum Download von direkt verfügbarem Wissen, der Abwehr von Kugeln und dem Fliegen durch den Himmel!

Die Hauptidee des Films ist jedoch – und das sollten wir jetzt näher untersuchen –, dass die sichtbare Welt nur eine Ebene der Realität darstellt. Dass sich hinter der sichtbaren Ebene die verborgene, „echte Welt" befindet, die jene Welt steuert und formt. Das, was wir den himmlischen Bereich nennen würden.

Wenn wir nun mit Teil 2 beginnen, möchte ich die geheimnisvolle Wahrheit beleuchten, dass unser Leben jetzt mit dem Himmel verwoben ist. Ein Teil von uns ist immer dort mit Christus. In Ihm haben wir freien Zugang zum Unsichtbaren. Wir können uns von der Erde „ausstöpseln" und durch den Geist Zeit in Zion verbringen.

Das ist erschütternd! Schwer zu verstehen. Aber wir müssen diesen Transfer machen, um das, was auf uns zukommt, zu ergreifen. Auf geheimnisvolle Weise sind wir bereits zu Hause, verwoben mit Christus:

Wenn ihr nun mit dem Christus auferweckt worden seid, so sucht, was droben ist, wo der Christus ist, sitzend zur Rechten Gottes! Sinnt auf das, was droben ist, nicht auf das, was auf der Erde ist! Denn ihr seid gestorben, und euer Leben ist verborgen mit dem Christus in Gott (Kol 3,1-3 ELB).

Um zu verstehen, was geschehen ist, lass uns nochmals Christus anschauen, der unser Prototyp ist.

Wir stimmen alle darin überein, dass Jesus aus dem Himmel kam, nicht wahr? Jetzt wird es interessant. Merkwürdigerweise verließ Jesus auf irgendeine geheimnisvolle Weise den Himmel nicht ganz. Ein Teil seines Wesens blieb dort. Keine Panik, das steht in der Bibel! In Johannes 3,12 verrät Jesus Nikodemus dieses ehrfurchterregende Geheimnis:

Wenn ich euch das Irdische gesagt habe, und ihr glaubt nicht, wie werdet ihr glauben, wenn ich euch das Himmlische sage? Und niemand ist hinaufgestiegen in den Himmel als nur der, der aus dem Himmel herabgestiegen ist, der Sohn des Menschen, der im Himmel ist (Joh 3,12f. ELB).

Das hat Nikodemus bestimmt den Boden unter den Füßen weggezogen! Jesus hatte nicht nur davon gesprochen, nochmals geboren zu werden, was schon verrückt genug war. Jesus erwähnte dann auch noch, dass er vom Himmel kam. Und zu guter Letzt zerstörte er Nikodemus' Raster komplett, indem er sagte, er sei immer noch im Himmel, während er mit Nikodemus gerade rede. Ich wette, dass ihm der Kopf rauchte!

Lass uns das nochmals in der Amplified Bibel lesen:

Und dennoch ist niemand jemals in den Himmel gegangen, aber es gibt einen, der vom Himmel herabgekommen ist – der Menschensohn (selbst), *der im Himmel ist (wohnt, sein Zuhause hat).*

Unglaublich, nicht wahr?! Jesus sagte, er wohne IM HIMMEL. Das war sein Zuhause. Er offenbarte Nikodemus eine höhere Lebensform. Jesus unterstrich diesen Gedanken, als er sagte:

Ich rede, was ich bei meinem Vater gesehen habe (Joh 8,38).

Wo hat Jesus den Vater gesehen? Im Himmel natürlich – „Vater unser im Himmel" (Luk 11,2). So lernte Jesus. Er wandte sich immer wieder dem Unsichtbaren zu, um zu sehen und gelehrt zu werden.

Ganze Nächte verbrachte er damit, im Geist beim Vater zu sein. Für die „KAINOS"-Rasse ist der Himmel der Ausgangspunkt, wo wir gelehrt, erfrischt, erleuchtet und transformiert werden.

Für Jesus war es NATÜRLICH, in verschiedenen Dimensionen zu wandeln, um mit der himmlischen Welt in Beziehung zu treten. Als reifer Sohn hatte er freien Zugang dorthin. Hier nur ein Beispiel aus Johannes 17,1.

Er erhob seine Augen zum Himmel und sagte: Vater, die Stunde ist gekommen.

Grabe tiefer und du wirst herausfinden, was der Ausdruck „erhob seine Augen" wörtlich heißt:

Jesus wurde „nach oben gehoben (*epairo*)" an den Ort, wo „Gott wohnt (*ouranos*)".

Jesus wechselte die Dimension, um zu beten. Er war im Himmel und auf der Erde. Das ist es, was der Apostel Johannes ‚im Geist sein' (Offb 1,10) nennt und was mein Freund Ian Clayton ‚durch den Vorhang treten' nennt. Es ist normal für uns als „KAINOS"-Söhne, in den Himmel zu gehen:

Lasst uns nun mit Freimütigkeit hinzutreten zum Thron der Gnade, damit wir Barmherzigkeit empfangen und Gnade finden zur rechtzeitigen Hilfe! (Hebr 4,16 ELB).

Nicht der Tod eröffnet uns diese Realität. Nein! Es ist Jesus, der uns bereits jetzt freien Zugang gewährt:

Ich bin die Tür; wenn jemand durch mich hineingeht, so wird er gerettet werden und wird EIN- und AUSGEHEN und Weide finden (Joh 10,9 ELB).

Wir können hineingehen und auch wieder heraustreten! Das ist der „KAINOS"-Dimensionswechsel.

In der Vergangenheit wurden Himmelsbesuche als selten angesehen, nur für Propheten. Auch das wird sich ändern. Der Aufstieg in die himmlischen Orte wird tatsächlich so weitverbreitet sein, dass die Ekklesia auf der ganzen Welt gemeinsam aufsteigen und sich gegenseitig sehen wird. Das ist wahr! Die Bibel sagt es ganz deutlich:

Und VIELE Völker werden hingehen und sagen: Kommt, lasst uns hinaufziehen zum Berg des HERRN, zum Haus des Gottes Jakobs, dass er uns aufgrund seiner Wege belehre und wir auf seinen Pfaden gehen! Denn von Zion wird Weisung ausgehen und das Wort des HERRN von Jerusalem (Jes 2,3 ELB).

Viele werden als Mitbürger des Haushalts Gottes ins himmlische Zion gehen.

So seid ihr nun nicht mehr Fremde und Nichtbürger, sondern ihr seid Mitbürger der Heiligen und Gottes Hausgenossen (Eph 2,19 ELB).

Das ist die Ordnung Melchisedeks. Ein himmlisches Volk, das aus der unsichtbaren Dimension heraus handelt. Das glasklare Orakel-Wort, das aus Zion kommt, um die Erde zu transformieren. Das ist die Schwelle, an der wir jetzt stehen, der Horizont einer neuen Welt. Das ist das Vorbild Christi.

Und er spricht zu ihm: Wahrlich, wahrlich, ich sage euch: Ihr werdet den Himmel geöffnet sehen und die Engel Gottes auf- und niedersteigen auf den Sohn des Menschen (Joh 1,51 ELB).

Jesus ist der Offene Himmel. In mystischer Vereinigung haben auch wir freien Zugang zu den Offenen Himmeln. So wie Johannes auf der Insel Patmos können auch wir im Geist sein und uns umwenden, um eine Stimme zu hören, die sieben Leuchter zu sehen und sogar durch die offene Tür noch höher zu gehen.

Und ich wandte mich um, die Stimme zu sehen, die mit mir redete, und als ich mich umwandte, sah ich sieben goldene Leuchter,

und inmitten der Leuchter einen, gleich einem Menschensohn, bekleidet mit einem bis zu den Füßen reichenden Gewand, und an der Brust umgürtet mit einem goldenen Gürtel (Offb 1,12f. ELB).

Überall, wohin ich als Sprecher reise, gibt es eine wachsende Anzahl von Menschen, die ähnliche himmlische Begegnungen haben. Viele Menschen sehen in die unsichtbare Welt der Heiligen und Engel. Sie besuchen verschiedene Orte dort und nehmen teil in den Gerichtssälen, den Bibliotheken, den Ratschlüssen Gottes, den Strategieräumen, wandeln in Eden und vieles mehr. Das ist wirklich ein Zeichen für eine große Veränderung.

In Visionen und Träumen habe ich gesehen, dass sich auf der ganzen Erde mystische Gruppen, sogenannte „Hubs," zusammenfinden werden, die in Gott miteinander verbunden sind. Stärker als jede andere Generation vor uns werden wir sehen, dass es wirklich nur eine vereinte Familie im Himmel und auf der Erde gibt (Eph 3,15). Wir sind eins.

Dieser Zusammenfluss wird viel mächtiger sein als irgendetwas, das wir bisher gesehen haben. Das wird die Welt so erschüttern, dass sie wieder zum Eifer für Gott zurückkehren möchte, voll von Energie, Leben und Freude!

Pastor Roland Buck bekam schon vor Jahrzehnten einen Geschmack von dieser Dimension. Roland war gerade dabei, in seinem Gemeindebüro zu studieren und zu beten, um sich für den Gottesdienst am Sonntagmorgen vorzubereiten. Um 22:30 wurde er plötzlich in den Himmel entführt![2]

Ich hatte meinen Kopf in meinem Arm auf dem Schreibtisch niedergelegt, als ich plötzlich ohne Vorwarnung aus dem Raum mitgenommen wurde! Ich hörte, wie eine Stimme sagte: „Komm mit mir in den Thronsaal, wo die Geheimnisse des Universums aufbewahrt werden!" Ich hatte keine Zeit zu antworten. Raum bedeutet für Gott gar nichts! Es war wie ein Fingerschnipsen und – bumm – war ich genau dort!

Roland erlebte, dass der Himmel viel entspannter, einfacher und glücklicher war, als er es sich je vorgestellt hatte. Gott sprach mit ihm von Angesicht zu Angesicht und lud ihn ein, Fragen zu stellen. Es war wunderschön.

Während dieses Besuchs gewährte mir Gott einen wahrhaft herrlichen Blick in die verborgenen Geheimnisse des Universums, in Materie, Energie, Natur und Raum...

Roland hatte den Eindruck, er sei dort mehrere Monate oder sogar noch länger gewesen. Als er in sein Gemeindebüro zurückkehrte, waren jedoch auf wundersame Weise in Wirklichkeit nur fünf Erdenminuten vergangen!

Plötzlich kehrte ich in mein Büro zurück und sah mich selbst mit meinem Kopf auf dem Schreibtisch, wo ich gebetet hatte. Bis zu diesem Moment dachte ich, ich wäre mit meinem Körper im Thronsaal gewesen, aber das war ich nicht! Der Herr hat einen wunderbaren Sinn für Humor und es gibt viel Gelächter und Freude im Himmel. Ich konnte meinen Hinterkopf sehen und bemerkte: „Herr, ich hatte echt keine Ahnung, dass mein Hinterkopf schon so weiß geworden ist!"

Ich liebe diese Geschichte. In der Zeit, die man braucht, um einen Kaffee zu machen, war Roland Buck monatelang im Himmel und empfing übernatürliche Erkenntnis zu zukünftigen Ereignissen, Einsichten in Geheimnisse und es wurden über 2000 Schriftstellen in sein Gedächtnis eingebrannt. So eine Kaffeepause möchte ich auch mal haben!

Gott gab mir besondere Erleuchtung in Bezug auf über 2000 Bibelverse. Sogleich kannte ich diese Verse und den passenden Verweis dazu auswendig. Es gibt für mich keine andere Erklärung! Ich muss mich nicht aktiv an sie erinnern – es ist so, als sähe ich sie immer sofort, wenn ich möchte.

Ich sage dir, plötzliche Veränderungen kommen auf uns zu. Überall auf der Welt werden Menschen ähnliche Erfahrungen wie Roland Buck machen. Das wird den Status Quo zerschmettern und die Fesseln der Religion sprengen.

Es wird sich eine „KAINOS"-Rasse erheben, die von der Atmosphäre des Himmels ernährt wird. Sie werden nicht nur im Geist leben, sondern letztlich wird ein Teil von ihnen permanent im Himmel verankert sein.

Rick Joyner sagt:

Im Himmel gibt es eine offene Tür, und wir sind eingeladen, sie zu durchschreiten. Diejenigen, die auf diesen Ruf eingehen, werden im Geist hochgezogen werden mit dem Ergebnis, dass sie den, der auf dem Thron sitzt, immer sehen werden. Das ist der ultimative Zweck aller wahren, prophetischen Offenbarung – den verherrlichten, auferstandenen Christus und die Autorität, die er nun über alles innehat, zu sehen.[3]

Eine Person, von der ich denke, dass sie an diesen Punkt bereits angekommen ist, ist Nancy Coen, eine machtvolle Missionarin in der islamischen Welt. Ich fragte sie einmal, wie oft sie in den Himmel geht. Lächelnd antwortete sie:

Schatz, die Wahrheit ist, dass ich immer im Himmel bin.

Ihre Augen leuchteten und ich wusste, dass das stimmt. Die Herrlichkeit strahlt aus ihr heraus. Nancy hat buchstäblich hunderte von Stunden damit verbracht, von Jesus, den Heiligen und den Engeln im Himmel gelehrt zu werden.

Der kürzlich heimgegangene Bob Jones ist ein anderer moderner Mystiker, der die Grenzen zwischen Himmel und Erde verschwimmen ließ. Bob machte öfters Witze darüber, dass es Leute gibt, die darauf warten, bei Jesu zweitem Kommen entrückt zu werden, wohingegen er fünfmal am Tag in den Himmel entrückt wurde! Für Bob war das normal. Er war Gottes Freund und Freunde sehen sich gerne oft!

Vater, ich möchte, dass die, die du mir gegeben hast, bei mir sind, genau dort, wo ich bin, damit sie meine Herrlichkeit sehen können, den Glanz, den du mir gabst, weil du mich geliebt hast, lange bevor es jemals eine Welt gab (Joh 17,24 MES).

Diese Sehnsucht Jesu bittet flehentlich um Erhörung! Nicht erst, wenn wir sterben, sondern während wir leben!

Obwohl ich so viel mehr darüber sagen könnte, ist der Platz begrenzt. Ich möchte dieses Kapitel mit einer weiteren Geschichte von den Heiligen abschließen. Kennst du diese Gruppe schon? Sie wurde der „goldene Leuchter" genannt. Prophet James Maloney war ein

Augenzeuge der Dinge, die während ihrer himmlischen Gebetszeiten geschahen:

Sobald alle in Zungen zu singen begannen, fiel die Kraft Gottes wie schwerer, dicker Nebel. Es war überwältigend. Ich konnte die anderen hören, aber nicht sehen. Meine Augen brauchten einige Minuten, um sich anzupassen, damit ich wenigstens die Person neben mir erkennen konnte...

Die Decke wurde von einer violetten, herumwirbelnden Wolke verdeckt – manchmal schwirrten Federn in der Wolke umher. Aus der Wolke konnte man oft begeistertes Kinderlachen hören. Es waren wirklich offene Himmel, ein geistliches Portal wie die Jakobsleiter. Mehrfach nahmen die vierundzwanzig Ältesten an der Anbetung teil.

Und es war ein ständiges Kommen und Gehen der himmlischen Heerscharen (...) Es gab Feuerlichter (das ist das einzige Wort, mit dem ich sie beschreiben könnte); das waren Engel, die aus der Wolke über uns auf den Boden fielen. Wenn die Feuerlichter den Boden berührten, konnte man sehen, wie Engelsfüße aus den Flammen erschienen.[4]

Diese Gruppe verwischte die Grenze zwischen den Dimensionen mehr als fünfzig Jahre lang. Sie reisten physisch in den Himmel und kehrten mit Sandalen und Kleidungsstücken zurück, die von Juwelen und goldenen Fäden durchwoben waren. Sie demonstrierten das, was global auf die Erde kommen wird.

Zu gut, um wahr zu sein? Das ist das Evangelium!

Rick Joyner sagt:

Das ist keine Fantasie. Echtes Christentum ist das größte Abenteuer, das man auf dieser Erde erleben kann. Echtes Gemeindeleben, so wie es für uns geplant war, ist eine übernatürliche Erfahrung. Es ist das Leben aus einer anderen Dimension, die über die Erde hinausgeht, und das wird wahres Leben auf die Erde bringen.[5]

Wir sind eingeladen, in die Fußstapfen Henochs, Elias, Johannes und der Heiligen zu treten. Wie starten wir damit? Ich habe gelernt, dass es ganz einfach ist – wir treten im GLAUBEN ein. Glaube einfach! Durch Glauben wurde Henoch hinweggenommen!

Aus Glauben wurde Henoch hochgehoben und in den Himmel versetzt (Hebr 11,5 AMPC).

Glaube bedeutet, es für wahr zu halten, dass Gott uns im Himmel in Christus verborgen hat (Kol 3,3). Dass Gott möchte, dass wir dort hingehen und ihn tatsächlich erfahren. Die Tür ist immer offen. Wir sind dazu eingeladen, in Zion mitzumachen. Wir sind rein, heilig, angenommen im Geliebten. Aus dieser Haltung der Unschuld treten wir durch den Vorhang dort hinein.

Glaube ist, den ersten Schritt zu tun, auch wenn du nicht das ganze Treppenhaus siehst.[6]

Mein Freund Ian Clayton lehrt einen simplen Weg, um das Eintreten durch den Vorhang zu aktivieren. Ian sagt: „Mach einen physischen Schritt nach vorne in den himmlischen Bereich hinein."[7] Bewege also deinen Körper und glaube, dass du tatsächlich nach Zion eintrittst und wieder heraustrittst. Stelle dir vor, dass du jedes Mal, wenn du das tust, die Dimensionen überschreitest. Tritt im Glauben mit dem Himmel in Verbindung.

Durch Übung werden deine geistlichen Sinne aktiviert. Du wirst anfangen, neue Erlebnisse zu haben. Das ist das Gesetz von Ehre und Fokus. So startete Henoch seine Reise in den Himmel – durch einfachen, kindlichen Glauben. Schließlich holte Gott Henoch endgültig dorthin. Henoch ist nun ewig lebendig in einem erweiterten, herrlichen Zustand. Möchtest du das nicht auch?!

Dann geh heute los.
Mach nur einen kleinen Schritt.
Du gehörst nach Zion!

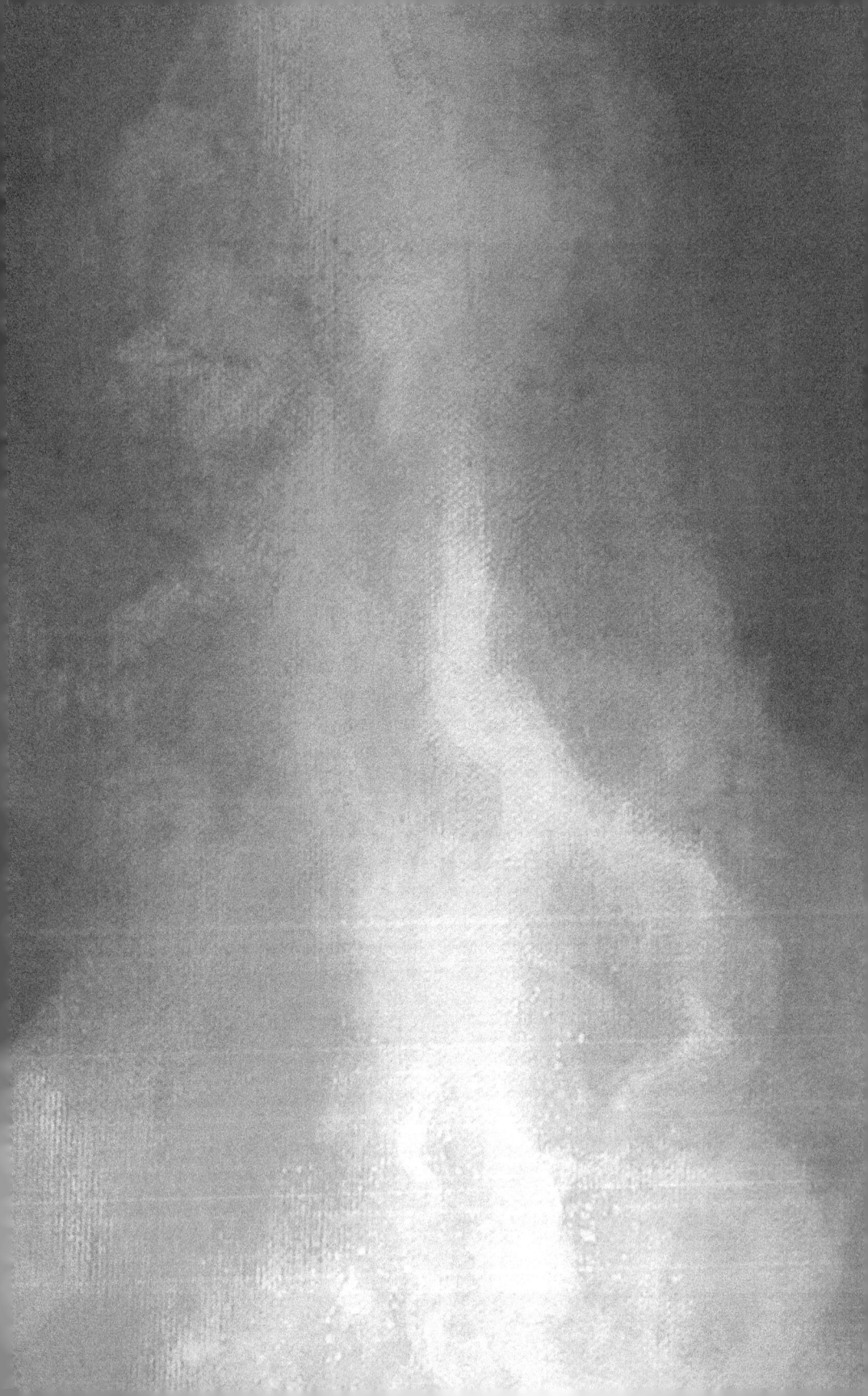

Ihr seid zu tausenden von Engeln gekommen, die sich freudig versammelt haben (Hebr 12,22 EXB).

Im letzten Kapitel sprachen wir über ‚von Zion aus leben'. Ich hoffe, du hast es genossen!

Ich liebe es, über den Himmel zu schreiben und über ihn nachzudenken. Wir haben solch ein supertolles Evangelium! Ein Evangelium, das uns sagt, dass wir miteinbezogen und unschuldig sind! Wir sind angenommen und geliebt. Wir sind zu Hause!

Aber nun, wow! Alles hat sich verändert; ihr habt entdeckt, dass ihr in Christus verortet seid. Was einst so entfernt schien, ist nun so nah; sein Blut offenbart eure erlöste Unschuld und euren authentischen Ursprung (Eph 2,13 MIR).

Das freudige Rühmen über die vollbrachten Werke Christi geht in diesem nächsten Kapitel weiter.

Ich werde über heilige Engel sprechen – unsere erweiterte Gemeinschaft in der neuen Schöpfung. Eine mysteriöse, schöne Familie, die uns umgibt und aktiv in alles involviert ist, was wir tun.

Das ist unsere verborgene „KAINOS"-Gemeinschaft. Eine heilige Gemeinschaft, die uns sehr liebt und die unser Bestes auf dem Herzen hat. Eine Familie, die uns anfeuert und uns unablässig ermutigt.

Klingt gut, nicht wahr?!

Beginnen wir nochmals mit dem Evangelium, der „frohen Botschaft".

Wie bereits erwähnt und um dabei die Worte Paulus' zu zitieren, nimmt uns das Evangelium aus dem menschlichen Zustand heraus und setzt uns in eine völlig neue, ewige Welt, in eine „übermenschliche" Realität hinein.

Wenn jemand in Christus ist … ist er in einer neuen Welt (BE).

Die Religion vermittelt uns Verzögerung und Distanz, aber Paulus sagt, das Evangelium ist JETZT! Das Neue hat bereits begonnen. Wir sind rein, verändert und heute schon bereit für die Zukunft. Nicht der Tod qualifiziert uns. Jesus hat alles, was notwendig ist, bereits am Kreuz vollbracht. Er hat den Vorhang komplett zerrissen. Wir haben nun freien Zugang zu den unsichtbaren Welten des Königreichs. Das ist das Evangelium!

Jetzt ist der Tag der Errettung! Der Himmel ist so nah wie deine Hand.

Denn siehe, das Reich Gottes ist in euch (Luk 17,21b).

Das sollte uns nicht überraschen! Der Himmel ist in uns zu Hause.

Wir müssen nur unser Herz für seine Gegenwart öffnen, und die unsichtbaren Dimensionen um uns herum werden sich dann auch öffnen. Wir werden uns der höheren Sphären und anderer himmlischer Wesen bewusst. In Christus nehmen wir die Engel wahr!

Uns wird Stück für Stück bewusst, dass diese himmlischen Wesen ganz eng mit uns verbunden und sehr fürsorglich sind. Wir finden heraus, dass sie in Wirklichkeit überall sind. Das haben wir nur bisher nicht wahrgenommen.

Er wird seine Engel (besonders) befehlen über dir, dich zu begleiten und zu beschützen und dich auf allen Wegen (von Gehorsam und Dienst) zu bewahren (Ps 91,11 AMPC).

Sie wachen über jedem von uns und sind tatsächlich um unser Leben und um unser Wohlergehen besorgt. Sie gehen uns immer nach und verteidigen uns vor dem Bösen. Sie helfen uns heimlich und lenken unsere Schritte. Ist das nicht erstaunlich! Ich liebe es! Wir sind umringt!

An dieser Stelle wird es aufregend. In früheren Generationen waren wir uns der Engel meistens selbst dann nicht bewusst, wenn sie direkt vor uns standen. Die Bibel sagt, dass manche sogar mit Engeln gegessen haben und es nicht wussten:

Die Gastfreundschaft vergesst nicht! Denn dadurch haben einige, ohne es zu wissen, Engel beherbergt (Hebr 13,2 ELB).

Gute Nachrichten! Die Unwissenheit verschwindet langsam. Wir erwachen und werden in Cardio-Gnosis (Herzenserkenntnis) aktiviert. Wir werden Engel nicht mehr mit menschlicher Wahrnehmung erkennen. Die dünne, illusorische Schicht zwischen uns und ihnen verschwindet, während wir als Söhne heranreifen.

Laut dem Propheten Bobby Connor wird die unsichtbare, geistliche Membran immer dünner:

Während ich kürzlich diente, sah ich etwas vor mir, das wie eine sehr dünne Membran aussah. Ich fragte: „Herr, was ist das?", und der Herr antwortete: „Das ist der Schleier zwischen dem irdischen und dem geistlichen Bereich – und er ist dünner als je zuvor!"[1]

Die Heiligen alter Zeit wussten, wie man Engel sieht. Aber große Gnade kommt jetzt wieder auf uns, so zu leben, wie sie lebten. Nicht, weil wir es verdient hätten, sondern aufgrund von Gottes Plan und seiner Liebe zur Erde. Einfach, weil es höchste Zeit ist, aus dem Schlaf zu erwachen (Röm 13,11).

Das klingt für einige moderne Christen vielleicht merkwürdig, da wir so viel Negatives und Furchteinflößendes über den Umgang mit Engeln zu hören bekommen haben. Dennoch möchte ich dich daran erinnern, dass es unser Ziel ist, nach der Bibel zu leben und Jesus nachzufolgen. Lass uns die Blaupause anschauen, während wir das Thema näher beleuchten.

Und er (Jesus) blieb in der Wüste vierzig Tage und wurde (in der gesamten Zeit) vom Satan versucht; und er war unter den wilden Tieren und die Engel dienten ihm (beständig) (Mk 1,13 AMPC).

Dieser Vers sagt aus, dass die Engel Jesus kontinuierlich halfen. Christus erniedrigte sich sogar als Gott und nahm sie an. Er begrüßte ihre Hilfe. Wenn der Ewige Engel ehrt und schätzt, dann sollten wir seinem Beispiel folgen. Wir sollten den Dienst der Engel in unserem Leben erwarten.

Das fordert uns wieder stark heraus, aber Jesus ist sogar noch radikaler. Im nächsten Vers beschreibt Jesus sein Leben als Zugangspforte für Engel, die mit dem irdischen Raum in Beziehung treten wollen. Höre sorgsam auf diese mystischen Worte Jesu zu Nathanael:

Dann sagte er zu ihm: „Ja, tatsächlich! Ich sagte dir, dass du den Himmel offen sehen wirst und die Engel Gottes, wie sie auf dem Menschensohn hinauf- und herabsteigen!" (Joh 1,51 CJB).

Das ist ein Vers, der radikal mit allem Schubladendenken aufräumt. Jesus, unser wahres Vorbild, war ein Knotenpunkt für Engel! Um ihn schwirrte es regelrecht von Engelaktivität, genauso wie bei der Jakobsleiter aus 1Mose 28,12. Verrückt!

Kannst du dir vorstellen, wie unsichtbare Engel um ihn herumschwärmten, während er die Kranken heilte? Während er Wunder wirkte und die Stürme stillte. Ich hätte das gerne beobachtet!

Wir müssen wirklich anders über die Engel denken! Wir ignorieren sie schon viel zu lange. Dennoch sind sie untrennbar mit unserer Geschichte verbunden. Sie sind Teil unserer Gemeinschaft.

Wie wichtig sind sie? Denk nur einmal an eine andere bewegende Geschichte aus dem Leben Jesu. Im Garten Gethsemane, wahrscheinlich zur dunkelsten Stunde seines irdischen Lebens, kam ein besonderes Wesen, um ihm zu helfen:

Er zog sich von ihnen zurück, ungefähr einen Steinwurf weit entfernt, kniete nieder und betete: „Vater, nimm diesen Kelch von mir. Aber bitte, nicht, was ich möchte. Was möchtest du?" Und sofort war ein Engel vom Himmel an seiner Seite und stärkte ihn. Er betete umso intensiver. Schweiß rann von seinem Gesicht wie ausgepresste Blutstropfen (Lk 22,41-44 MSG).

Als die Jünger nicht für Jesus da waren, waren es die Engel. Als seine Freunde schliefen, waren die Engel wach und bereit zu helfen. Diese Geschichte berührt mich echt.

Hast du dich jemals allein gefühlt? Ich denke, das haben wir alle schon erlebt.

Manchmal, wenn ich verletzt und isoliert worden war, sind Engel zu uns nach Hause gekommen. Sie haben mich umgeben und sogar meinen Körper berührt und mich mit Energie erfüllt.

Dreimal bin ich geweckt worden, indem mir ein Engel ins Gesicht blies! Ich habe sie lachen, singen und sogar reden gehört. Ich habe gesehen, wie sie im Raum gefunkelt, sich wie Lichtkugeln bewegt haben und wie Wolkensäulen dastanden. Sie sind wirklich wunderbar.

Das ist keine neue Lehre. Die Heiligen aus früheren Zeiten waren mit den Engeln vertraut. Viele von ihnen kannten den Namen ihres Schutzengels. Manche, wie z.B. Joseph von Cupertino, öffneten ihrem Engel immer die Tür und warteten, bis er hindurchgegangen war. Padre Pio verbrachte Stunden damit, mit seinem Engel zu reden. Gemma Galgani hatte Engelshilfe dabei, ins Bett zu kommen, wenn sie schwach war.

Andere wie Columba hatten strategische Beratungsgespräche mit Heerscharen von Engeln, um Regierungsangelegenheiten in Bezug auf Irland und Großbritannien mit ihnen zu diskutieren. Einer von Columbas Mönchen berichtete über folgendes Ereignis:

Man kann es kaum beschreiben – schaut! – da war plötzlich eine wundersame Erscheinung, die der Mann mit seinen eigenen physischen Augen aus seiner Position auf dem nahegelegenen Hügel wahrnehmen konnte ...

Denn heilige Engel, Bürger des himmlischen Königreichs, flogen erstaunlich schnell herab, gekleidet in weißen Gewändern, und begannen sich um den heiligen Mann herum zu versammeln, als er betete.

Nachdem sie eine Weile mit St. Columba gesprochen hatten, kehrte die himmlische Gruppe schnell in die Höhen des Himmels zurück, so als ob sie gespürt hätte, dass sie beobachtet wurde.[2]

Die Geschichtsbücher sind voll mit ähnlichen Geschichten. Wie konnten wir unsere Vergangenheit so schnell vergessen? Wie konnte sich das Religiöse einschleichen und die Kraft des Evangeliums rauben?

Es ist an der Zeit, dass das Christentum sich wieder daran erinnert, dass Engel absolut wichtig sind. Wir brauchen sie wahrscheinlich mehr als irgendeine Generation vor uns. Wir befinden uns in einer globalen Krise. Wir brauchen die himmlischen Helfer!

Randy Clark ist ein Missionar unserer Zeit, der den Wert von Engeln begreift. Kürzlich kam Randy als Sprecher in unsere Heimatstadt Cardiff. Ich hörte ihn selbst darüber reden, wie wichtig die Engel in Bezug auf Wunder und auf die Ernte sind. Was er sagte, war äußerst aufschlussreich!

Ich möchte euch nahelegen, dass wir am Pfingsttag mehr als nur die Geistestaufe empfingen. Wir empfingen mehr als eine neue Beziehung zum Heiligen Geist. Wir traten auch in ein neues Zeitalter ein, einen neuen Bund in Verbindung mit der Ausgießung der Engel Gottes. Ich glaube, durch das Kreuz wurde buchstäblich eine neue Beziehung zwischen den Engeln Gottes und dem Volk Gottes und zwischen dem Heiligen Geist und dem Volk Gottes eröffnet.[3]

Ich stimme mit Randy überein. Die Apostelgeschichte weist auf einen dynamischen Austausch mit Engeln in der Urgemeinde hin. Eine meiner Lieblingsgeschichten ist, wie Petrus aus dem Gefängnis floh.

Petrus schlief zwischen zwei Soldaten. Er war mit zwei Ketten gebunden. Soldaten standen bei der Tür und bewachten das Gefängnis. Plötzlich wurde ein Engel des Herrn neben ihm gesehen. Ein Licht schien in dem Gebäude. Der Engel schlug Petrus an die Seite und sagte: „Steh auf!" Dann fielen die Ketten von seinen Händen. Der Engel sagte: „Zieh deinen Gürtel und deine Schuhe an!" Er tat es. Der Engel sagte zu Petrus: „Zieh deinen Mantel an und folge mir!"

Petrus folgte ihm hinaus. Er war sich nicht sicher, was passierte, da der Engel ihm half. Er dachte, es wäre ein Traum. Sie gingen an einem Soldaten vorbei, dann an einem zweiten. Sie kamen zu der großen Eisentür, die aus der Stadt führte. Diese öffnete von selbst und sie gingen hindurch. Sobald sie sich eine Straße entfernt

hatten, verließ der Engel ihn.

Was danach geschah, ist ziemlich merkwürdig und wird oft übersehen. Petrus schaffte es, zum sicheren Unterschlupf der Gemeinde zu gelangen. Er klopfte an die Pforte:

Und als sie (die Magd) die Stimme des Petrus erkannte, tat sie vor Freude das Tor nicht auf, lief hinein und verkündete, Petrus stünde vor dem Tor. Sie aber sprachen zu ihr: Du bist von Sinnen. Doch sie bestand darauf, es wäre so. Da sprachen sie: Es ist SEIN Engel. Petrus aber klopfte weiter an. Als sie nun aufmachten, sahen sie ihn und entsetzten sich (Apg 12,12-16 ELB).

Ich liebe das! Sie waren eher überrascht, Petrus zu sehen als seinen Engel.

Laut John Paul Jackson zeigt das, dass Engel oft zugegen waren.

In den frühen Zeiten muss das ziemlich häufig vorgekommen sein. Wir können dies aus der Tatsache schlussfolgern, dass, als Petrus auf dem Gefängnis befreit wurde und die Magd die Tür öffnen wollte, es wahrscheinlicher war, dass ein Engel erschien, als dass Petrus aus dem Gefängnis freigekommen war.

Man weiß, dass das durchaus an der Tagesordnung war, weil etwas Bestimmtes nicht geschah. Was war das? Du sitzt beim Abendessen. Du isst. Jemand öffnet die Tür und sagt, es ist Petrus' Engel.

Was machst du dann? Würdest du dann weiteressen? Ich sicher nicht! Ich würde dann aufstehen und mir den Engel anschauen wollen. Das taten sie nicht. Sie aßen einfach weiter. Das sagt dir, dass Engelserscheinungen ziemlich alltäglich gewesen sein müssen.

Heute sind sie bislang noch nicht sehr alltäglich. Aber ich habe das Gefühl, dass sie in Zukunft sehr viel alltäglicher werden.[4]

Ist das nicht verblüffend?! Das sollte uns heute herausfordern. Wann haben wir zuletzt solche Gedanken gehabt?! Wann war es zuletzt für uns normal, dass Engelswesen unsere Treffen in sichtbarer Form besuchen?

Das wird sich ändern! Der Heilige Geist entmystifiziert in unserer Generation die Engel immer mehr und bereitet unsere Herzen auf ein höheres Maß an Interaktion vor. Wir stehen vor einem großen Anstieg, einer gewaltigen Veränderung und überschreiten den Ereignishorizont in unsere Bestimmung hinein.

In der Vergangenheit gibt es ebenfalls Anzeichen für das, was kommt. Eines dieser Zeugnisse ist, was der amerikanische Pastor Roland Buck in den 1960er Jahren erlebte. Er hatte regelmäßig mit Gabriel und anderen Engeln Gespräche von Angesicht zu Angesicht.

Hier eine seiner ersten Begegnungen:

Direkt als ich zu Bett gegangen war, bemerkte ich ein bläuliches Schimmern, das aus dem Treppenhaus kam. Ich wusste, es war zu schwach, um das Treppenhauslicht zu sein, und so dachte ich, dass ich möglicherweise ein Licht in einem der Zimmer unten angelassen haben könnte. Ich stand auf und wollte die Treppe hinuntergehen, um das Licht auszuschalten. Ich war auf halber Treppe, als das Licht anging!

Vor mir standen zwei der größten Männer, die ich je in meinem Leben gesehen hatte! Ich war fassungslos! Ich hatte nicht unbedingt Angst, aber die Ausstrahlung von göttlicher Kraft, die vom Leben in der gleißenden Helligkeit der Gegenwart Gottes kommt, war so stark, dass ich nicht stehen konnte! Meine Knie gaben nach und ich war kurz davor zu fallen! Eines dieser gewaltigen Wesen streckte die Hand aus, ergriff mich und meine Kraft kam zurück!

Er sagte mir schlicht, er sei der Engel Gabriel! Ich war völlig perplex! Konnte das derselbe Gabriel sein, über den ich in der Bibel gelesen hatte? Die Wirkung der ersten Besuche auf mich war viel weniger ehrfurchterregend gewesen als jetzt, denn er stand einfach da, so deutlich sichtbar wie irgendein irdischer Mann, und stellte sich selbst als Engel Gabriel vor! Es ist schier unmöglich, meine Gefühle von Ehrfurcht und Erstaunen zu beschreiben! Dann stellte er mir den zweiten Engel vor, der Chroni hieß! Chroni? Das war ein besonderer Name. Den hatte ich noch nie gehört! ... Mir war nie der Gedanke gekommen, dass alle Engel Namen

haben könnten und, so wie es sich dann herausstellte, auch alle anders aussehen. Ich fragte Gabriel: „Warum seid ihr beide hier?" Er sagte nur, dass der Heilige Geist sie gesandt hätte, und dann begann Gabriel direkt damit, mir einige wunderschöne Wahrheiten aufzuzeigen.[5]

Roland Buck verbrachte Stunden im Gespräch mit Gabriel. Sie waren viel entspannter und glücklicher, als du denken würdest. Sie spielten sogar mit dem Hund!

Wir müssen noch so viel über die Engel lernen. Möchtest du nicht mehr wissen? Wir können so viel von ihnen lernen.

In prophetischen Visionen habe ich gesehen, dass wir wie Roland Buck während unserer Lebenszeit mit Engeln von Angesicht zu Angesicht sprechen werden. Es wird sogar Treffen der Ekklesia geben, wo wir alle sie sehen werden. Das wird in der Tat das neue Modell für apostolische Rundtischgespräche sein. Wir werden auf der Erde im Himmel sein, im Ratsschluss Gottes stehen und sogar Jesus und die Heiligen sehen. Genauso wie Henoch. Das klingt weit hergeholt, aber das ist es nicht! Es handelt sich einfach um eine Generation, die zum Originalplan zurückkehrt und mit Gott von Angesicht zu Angesicht wandelt.

Ich könnte noch viel mehr über die kostbaren Engel sagen. Vielleicht werde ich eines Tages ein Buch über sie schreiben. Ein paar verrückte Geschichten mitteilen. Das würde echt Spaß machen!

Vielleicht liest du das jetzt, bist hungrig und weißt nicht, wo du anfangen sollst. Ich bin auch erst ein Anfänger. Du bist nicht alleine. Ich sage dir, wie es bei mir funktioniert. Vielleicht hilft dir das.

Ich begann damit, dass ich zu Gott sagte: „Ich schätze Engel wert. Ich möchte mit Engeln wandeln. Lass sie kommen, Herr!" Dann ehrte ich die Leute, die das schon erlebt hatten. Menschen wie Gary Oates, der das inspirierende Buch *Öffne mir die Augen, Herr*[6] geschrieben hat. Ich sagte dann öfters zu Gott: „Ich ehre Gary Oates. Ich möchte, was er hatte. Ich möchte das wirklich!" Ich behielt eine Haltung von Liebe, Wertschätzung und Ehre bei. Diese Herangehensweise zieht den Himmel an. Du bist mächtig. Gott lässt dir die Wahl. Ich traf die Wahl, mit Engeln zu wandeln, und bat dann den Himmel um Erlaubnis, sie zu erleben. Ich werde nie den ersten Tag vergessen, wo sie als Gruppe kamen. Aber das ist eine andere Geschichte!

Im nächsten Kapitel werden wir das Thema transdimensionale „KAINOS"-Gemeinschaft noch vertiefen, indem wir über eine weitere, aufregende Gruppe von Freunden, die du in Christus hast, sprechen – die ‚Wolke von Zeugen' (die Heiligen im Himmel).

Du bist nicht allein!

DIE WOLKE DER ZEUGEN

Alle diese vielen Menschen hatten Glauben an Gott und sie umgeben uns wie eine Wolke (Hebr 12,1 NLV).

Jede Reise beginnt mit einem kleinen Schritt. Sei nicht in Eile. Es ist wichtig, den „Ritt" zu genießen. Genieße den Wachstumsprozess hin zur Sohnschaft. Es ist wirklich schön!

Ohne Angst und voller Glauben lass uns nun unser Abenteuer fortsetzen. Ich möchte dir von den Heiligen im Himmel erzählen, die sonst ‚Wolke der Zeugen' genannt werden.

Wenn du wie ich in evangelikalen Kreisen aufgewachsen bist, dann wurde dir vielleicht erzählt, dass die Heiligen einfach die ganze Zeit Ferien haben, anbeten und ihre großen Häuser oder die Parks im Himmel genießen!

Das stimmt teilweise! Sie haben eine echt gute Zeit. So wie C.S. Lewis richtigerweise sagte:

Freude ist ein ernsthaftes Geschäft im Himmel![1]

Der Himmel ist ein sehr fröhlicher Ort! Gott sitzt im Himmel und lacht (Ps 2,4). Die Engel schmeißen Partys (Lk 15,10). Sie alle kommen in einer großen, festlichen Versammlung zusammen (Hebr 12,22). Es geht ziemlich wild zu!

Dennoch gibt es viele im Himmel, die Verantwortlichkeiten haben. Einige sitzen sogar auf Thronen. Sie herrschen jetzt mit Christus.

Ich werde demjenigen, der überwindet (siegreich ist), gestatten,

neben mir auf meinem Thron zu sitzen, so wie ich selbst überwand (siegreich war) und mich neben meinen Vater auf seinen Thron gesetzt habe (Offb 3,21 AMPC).

Rick Joyner von MorningStar Ministries wurde in den Himmel entrückt und erlebte dies aus erster Hand. In seinem bahnbrechenden Buch *Der letzte Aufbruch* schreibt Rick:

Als ich mich dem Richterstuhl Christi näherte, sah ich, dass die aus den höchsten Rängen auch auf Thronen saßen, die alle Teil seines Throns waren. Selbst der geringste von diesen Thronen war tausendmal herrlicher als irgendein irdischer Thron. Einige von ihnen waren Herrscher über die Angelegenheiten des Himmels und andere über die Angelegenheiten, die mit der physischen Schöpfung zu haben, wie z.B. Sternensysteme und Galaxien.[2]

Jesus selbst ist unser Modell dafür, auch jetzt im Himmel. Er zeigt uns, wie wir als reife Söhne leben sollten.

Jesus Christus, der treue *und* vertrauenswürdige Zeuge, der Erstgeborene von den Toten (der erste, der wieder zum Leben erweckt wurde) und der Prinz (Herrscher) über die Könige der Erde (Offb 1,5 AMPC).

Jesus ist der höchste Zeuge. Er beendete seinen Lauf. Er vollendete das Werk des Vaters und ist für immer Teil der ewigen Ordnung Melchisedeks (Hebr 7,17).

Lass mich dir nun eine Frage stellen. Ich möchte, dass du darüber nachdenkst, denn es ist wichtig. Genießt jetzt Jesus einfach nur den Himmel und macht nichts, außer zu feiern?

Ganz offensichtlich ist die Antwort ‚nein'. Die Schrift sagt, Er tut Fürbitte (Hebr 7,25), regiert (1Kor 15,25), offenbart (Offb 1,11), bereitet vor (Joh 14,2), leitet (Kol 1,18) und widersteht dem Feind (Offb 12,10). Er ist lebendig und sehr aktiv!

Wenn das für Jesus zutrifft und er unser Vorbild ist, warum scheint dann die Gemeinde zu denken, dass die Heiligen, die überwunden haben, nur Spiele machen oder Picknicks im Himmel veranstalten? Das ist bizarr. Wir haben diesen schrägen Gedanken, dass der Himmel ein epischer Rentnerclub ist.

Ich habe das Gegenteil feststellen können. Die treuen Heiligen sind total involviert in der Regierung des Himmels und vollenden die Werke, die in den ‚Büchern der Bestimmung' aufgeschrieben sind (Ps 139,16). Sie sind die Ekklesia im Himmel, die mit der Ekklesia auf der Erde zusammenarbeitet, gemeinsam als eine Familie.

Deshalb beuge ich meine Knie vor dem Vater, von dem die gesamte Familie in den Himmeln UND auf Erden benannt wird (Eph 3,14).

Für den Plan bei der Erfüllung der Zeiten; alles zusammenzufassen in EINEM in dem Christus, das, was in den Himmeln, UND das, was auf der Erde ist – in ihm (Eph 1,10).

Sie sind nicht in Rente gegangen, sie wurden nur mit einer anderen Art von Körper in eine andere Dimension versetzt. Sie arbeiten eng mit uns zusammen, sind immer noch völlig lebendig und mit dem Kosmos befasst. In Vereinigung mit Gott kommen sie uns nahe und umgeben uns und sie feuern uns jetzt gerade an.

Hebräer 12,1 sagt:

Eine große Schar von Zeugen ist um uns herum! (CEV)
Eine große Schar von Männern und Frauen des Glaubens beobachtet uns (TLB)
Wir sind umzingelt (VOI)
Sie umringen uns (RHM)
Von allen Seiten (TCNT)
Eine riesige Schar von Zuschauern (WMS)

Dieser Vers enthält den Gedanken, dass sie sehr nahe sind. Wir sind in ihrer Atmosphäre. So dicht, wie wenn du deine Hand an den Kopf hältst. Jegliche Entfernung ist am Kreuz ausgelöscht worden. Wir sind eins!

Der amerikanische Autor Roberts Liardon sah die Zeugen schon als kleiner Junge. Er wurde aus seinem Schlafzimmer von Jesus mit in den Himmel genommen. Roberts schreibt in seinem Buch, das *We Saw Heaven* heißt:

Wir kamen an etwas vorbei, das ich nie im Himmel erwartet hätte und dass mir zu dieser Zeit als das Lustigste erschien, das ich je gesehen hatte. Als ich später darüber nachdachte, war es einer der bewegendsten und ermutigendsten Anblicke in meinem christlichen Wandel mit Gott… ich sah die große Wolke von Zeugen.

Sie bekommen mit, was die Gemeinde geistlich tut. Wenn ich z.B. predige, dann feuern sie mich an und rufen: „Tu das … tu jenes … los!" Wenn die „Halbzeit" kommt, dann fallen sie alle auf die Knie und fangen an zu beten. Halbzeit ist Gebetszeit. Dann stehen sie auf und fangen wieder an, mich anzuspornen. Es ist so, als wären wir in einem wichtigen Spiel, in einem, das ernst und real ist – kein Spiel nur zum Spaß! Und wir haben einige Fans, die uns anfeuern. Sie stehen zu 100% hinter uns und sagen: „Los! Schnapp sie dir! Weiter so, los!"

Wenn wir die Schrift wirklich so verstehen würden, dass es nur eine Familie im Himmel und auf Erden gibt, dann würden wir in unserem Geist hören, was unsere Familie im Himmel sagt. Wenn wir diese „Wolke von Zeugen" hören könnten, dann wären wir in jedem Bereich unseres Lebens erfolgreich.[3]

Jesus möchte wirklich, dass wir das jetzt sehen können. Wir mögen uns in dunklen Zeiten befinden, aber wir sind von Verbündeten umgeben. In dieser „KAINOS"-Ära löst sich die dünne, illusorische Membran zwischen uns und ihnen auf.

Auch in diesem Fall ist Jesu irdisches Leben Zeugnis dafür, wie diese dynamische Beziehung aussehen sollte. Auf dem Berg erschienen ihm Elia und Mose, zwei der großen Helden, um ihm Mut zu machen.

Plötzlich waren dort auf dem Berggipfel Mose und Elia, diese Ikonen des Glaubens und Geliebte Gottes. Und sie sprachen mit Jesus (Mt 17,3 VOI).

Die Message-Übersetzung sagt: „Sie waren im Gespräch vertieft". Ich liebe das!

Möchtest du das nicht auch? Ich habe die Heiligen viele Male getroffen. Jede Begegnung veränderte mein Leben.

Ich habe sogar festgestellt, dass sie mit uns auf einer Ebene verbunden sind, die wir bisher noch nicht begreifen. Die Wahrheit ist, dass die gesamte Gemeinde als ein mystischer Leib zusammenarbeiten muss. Wir können diese kosmische Aufgabe nicht alleine zu Ende bringen.

Und diese alle, die durch den Glauben ein Zeugnis erhielten, haben die Verheißung nicht erlangt, da Gott für uns etwas Besseres vorgesehen hat, damit sie nicht ohne uns vollendet werden sollten (Hebr 11,39f. ELB).

Nur gemeinsam werden wir die Erde transformieren können. Das alles ist Gottes Idee.

Ich bin davon überzeugt, dass sich das Erscheinen von Heiligen intensivieren wird. In Matthäus 27,50-53 gibt es Hinweise auf das, was kommen wird. Das ist eine erstaunliche Geschichte, die man kaum glauben kann!

Jesus aber schrie wieder mit lauter Stimme und gab den Geist auf. Und siehe, der Vorhang des Tempels zerriss in zwei Stücke, von oben bis unten; und die Erde erbebte, und die Felsen zerrissen, und die Grüfte öffneten sich, und viele Leiber der entschlafenen Heiligen wurden auferweckt, und sie gingen nach seiner Auferweckung aus den Grüften und gingen in die heilige Stadt und erschienen vielen.

Hast du das gelesen? Die Heiligen kamen in die heilige Stadt! Sie liefen tatsächlich mit neuen Körpern in der Stadt umher. Ist das nicht speziell?! So stark vereint wurden wir durch das Kreuz. Das ist die Kraft des Lebens, die im Evangelium – der ‚frohen Botschaft' – offenbart wird.

So wie Godfrey Birtill, ein britischer Sänger, sagt:

Vor zweitausend Jahren bluteten wir zu einer Einheit, jede Distanz ist durch Christus ausgelöscht worden und Trennung ist eine Illusion, eine Lüge.[4]

Ich liebe die folgende Definition von Gemeinde/Kirche, der sowohl die Katholiken als auch die Evangelikalen zustimmen:

Die Kirche ist das Volk Gottes, der Leib und die Braut Christi und der Tempel des Heiligen Geistes. Diese eine, universale Kirche ist eine transnationale, transkulturelle, transkonfessionelle und multi-ethnische Familie, die Hausgemeinschaft des Glaubens. Im weitesten Sinn schließt die Kirche alle Erlösten aus allen Zeitaltern mit ein. Sie ist der eine Leib Christi, der sich durch Zeit und Raum erstreckt.[5]

Seit dem Kreuz sind die Heiligen durchgängig zu allen Zeiten vielen Christen sowohl bei Besuchen im Himmel als auch auf der Erde erschienen. Die Apostelgeschichte enthält sogar eine sehr amüsante Geschichte von zwei Männern, die erschienen („Männer in Weiß' ist immer ein Hinweis in der Schrift!). Schlag einmal nach:

Als er (Jesus) seinen Auftrag erfüllt hatte, begann er vom Boden aus vor ihren Augen aufzusteigen, bis die Wolken ihn vor ihrer Sicht verdeckten. Als sie sich bemühten, einen letzten Blick von ihm zu erhaschen, während er in den Himmel aufstieg, bemerkten die (Apostel) des Herrn, dass zwei Männer in weißen Gewändern bei ihnen standen. *Die zwei Männer: Ihr Galiläer, warum steht ihr hier und starrt in den Himmel? Dieser Jesus, der euch verlässt und in den Himmel aufsteigt, wird genauso zurückkehren, wie ihr ihn jetzt entschwinden seht* **(Apg 1,9-11 VOI).**

Urkomisch! Ich finde diese Geschichte echt lustig! Zwei Heiligen wurde die Erdenmission erteilt (was Bill Johnson „Landgang" nennt), die Jünger zu fragen, warum sie nach oben schauten?! War das nicht offensichtlich?! Jesus hatte sie gerade damit umgehauen, dass er einfach hochschwebte und verschwand. Mir ist klar geworden, dass Komödie Gottes Idee ist! Du musst einen Spieltrieb und viel Sinn für Freude haben, um in seiner Gegenwart zu sein. Er ist der absolut selige, überglückliche Gott (1Tim 1,11).

Nach der Zeit der Apostelgeschichte sind die himmlischen Heiligen weiterhin durch alle Jahrhunderte hindurch auf der Erde erschienen. Die Geschichtsbücher sind brechend voll mit Geschichten, wo sie kommen, um zu lehren, zu trösten und manchmal sogar, um zu helfen. Sie erscheinen oft, wenn jemand stirbt. Sie kommen, um deren Leben zu ehren und sie in den Himmel zu begleiten. Ich könnte so viele Geschichten auswählen, aber weil nicht so viel Platz da ist, präsentiere ich euch eine meiner liebsten.

Sie stammt aus dem Leben von Joseph von Copertino[6]. Joseph betete eines Nachts in der Kirche, und ein dämonisches Wesen kam in den Raum, um ihn zu versuchen und einzuschüchtern, indem es die Kerzen ausblies. Aber schaut mal, was dann geschah!

Der infernale (dämonische) Geist behandelte Joseph wie einen Feind. Eines Nachts stand der Diener Gottes vor dem Altar des Heiligen Franziskus in der Basilika von Assisi, als er hörte, wie sich die Tür gewaltsam öffnete. Er sah einen Mann eintreten, der so laute Schritte machte, dass man den Eindruck hatte, seine Füße seien mit Eisen verkleidet. Der Heilige schaute ihn genau an und sah, dass alle Kerzen ausgingen, als er sich näherte, eine nach der anderen, bis alle gelöscht waren und der Eindringling an seiner Seite in totaler Finsternis stand.

Stell dir das vor! Du bist im Dunklen und dieses böse Wesen steht vor dir. Echt unheimlich!

Daraufhin attackierte der Teufel – um niemand anderen handelte sich – Joseph wütend, warf ihn auf den Boden und versuchte, ihn zu erwürgen. Joseph rief jedoch den heiligen Franziskus an und sah ihn aus dem Grab herauskommen und mit einer kleinen Kerze alle Lichter wieder anzünden, durch deren Schein der Teufel plötzlich verschwand. Joseph gab daraufhin dem heiligen Franziskus den Namen „Lichteranzünder der Kirche".

Ist das nicht erstaunlich! Ich glaube das. Der Heilige Franziskus sagte einst:

Die geballte Finsternis in der Welt ist nicht einmal in der Lage, das Licht einer einzigen Kerze auslöschen.[7]

Er hatte recht und sah die Erfüllung dessen, sogar nach seinem Tod. Die Kerze brannte weiter.

Wenn du die Zukunft sehen kannst, kannst du auch Teil der Zukunft sein. Die Heiligen sahen unseren Tag im Glauben. Die ‚Wolke von Zeugen' lebt mit uns in ihren Herzen und sie lieben uns wie Großeltern. Sie haben die Erlaubnis, uns zu ermutigen, wie der Geist sie leitet. Sie sind ganz eng verbunden mit unserem Leben und sind nicht völlig getrennt von uns (Hebr 11,39f.). Sie möchten, dass wir mit ihnen gemeinsam erfolgreich sind.

Würdest du gerne mehr von dieser Gemeinschaft in deinem Leben erfahren? Ich bin mir sicher, dass du das möchtest. Wir sollten uns niemals alleine fühlen müssen.

Paul Keith Davis (White Dove Ministries) hat die Verbindung zwischen dem Ehren der Heiligen und ihrer Manifestation herausgefunden:

Ich bin davon überzeugt, dass das, worüber du sprichst, zustande kommt. Wenn du über Engel sprichst, kommen sie. Wenn du über die Glaubenshelden sprichst, kommen sie. Wenn du darüber sprichst, was sie getan haben und welche Mäntel auf ihnen waren und dafür in dieser Generation kämpfst, dann wird das, was du aussprichst sich im Raum manifestieren. Wir werden beobachtet! Du wirst beobachtet.[8]

Auf diese Weise hat es auch bei mir angefangen – ich las Bücher über das Leben der Heiligen, dachte darüber nach, meditierte darüber, wie sich der Herr durch sie bewegt hatte, betete und trat im Glauben mit dem Himmel in Verbindung. Schließlich stellte der Herr mir seine lieben Freunde tatsächlich vor.

Eine der jüngsten Erfahrungen fand im September 2015 statt. Ziemlich unerwartet kam die französische Mystikern Madame Guyon im Geist zu uns nach Hause. Sie kniete ganz demütig vor mir und betete still. Die Gegenwart Gottes bewegte sich durch das ganze Haus. Meine Frau Rachel kam nach unten, um zu sehen, was geschah. Es war sehr kostbar und lebensverändernd.

Möchtest du nicht auch etwas Ähnliches ganz persönlich erleben? Dann lebe mit einem offenen Herzen.

Es gibt etwas an der Haltung von Ehre und Verlangen, das die Substanz des Himmels anzieht. Es ist wirklich so einfach. Leben fließt durch Ehre.

Die Wahrheit ist, dass du nicht alleine bist. Du wirst nie alleine sein.

Jede Illusion von Distanz ist in Jesus völlig ausradiert worden.

Wir sind Eins.

In den nächsten beiden Kapiteln werden wir auf unserer „KAINOS"-Welt weiter aufbauen, indem wir eine neue Möglichkeit von Kommunikation im Geist anschauen. Eine kostbare Fähigkeit, die stärker aktiviert wird, wenn wir mit Christus reifen. Die Medien nennen diese Fähigkeit ‚Telepathie'. Die Wissenschaftler nennen es manchmal ‚mentale Radiowellen' oder ‚mentale Verbindung'.

Reg dich nicht auf! Ich weiß, wie herausfordernd und kontrovers dies vielleicht klingt. Bitte bleibe mit mir dran. Lass mich dir nicht nur versichern, dass es total biblisch ist, sondern dir auch zeigen, dass es etwas ist, das Jesus jeden Tag praktizierte.

Du wirst begeistert sein über die Möglichkeiten, die dich als „KAINOS"-Wesen erwarten. Genauso wie Jesus bist du dazu bestimmt, immer stärker telepathisch zu werden. Das ist etwas ganz NATÜRLICHES in der Lebensordnung der neuen Schöpfung. Es ist die Zukunft.

Dictionary.com definiert Telepathie als –

Kommunikation zwischen Menschen in Form von Gedanken, Gefühlen, Wünschen etc., in welcher Mechanismen zum Tragen kommen, die nicht mit bekannten wissenschaftlichen Gesetzen erklärt werden können.

Das Wort „Tele" bedeutet einfach „über eine Distanz" (so wie Television). „Pathie" hingegen bedeutet Wahrnehmung oder Empathie.

Katholische Theologen haben einen Begriff dafür. Sie nennen es „Kardiognose", was „Herz-zu-Herz-Erkenntnis" heißt. Ist das nicht schön?

1930 schrieb ein Mann namens Upton Sinclair darüber ein berühmtes Buch mit dem Titel *Mental Radio*. Er stellte die These auf, dass Telepathie ein wissenschaftliches Phänomen sei. Uptons Grundlage dafür waren viele interessante Experimente mit seiner Frau und engen Freunden. Albert Einstein empfahl dieses ungewöhnliche, bahnbrechende Buch und sagte, es lohne sich, diese Idee näher zu untersuchen.

(*Mental Radio*) verdient eine ernsthafte Auseinandersetzung, nicht nur durch Laien, sondern auch durch professionelle Psychologen.[1]

Obwohl sie nicht ganz verstanden, was geschah, glaubten Sinclair und Einstein beide, dass es etwas Verborgenes sein müsse. Etwas, das die Wissenschaft nicht versteht ... noch nicht!

1924 konnte auch ein anderer Wissenschaftler, Hans Berger, Telepathie in Aktion beobachten. Er hatte einen gefährlichen Unfall mit seinem Pferd und starb fast. Irgendwie spürte seine Schwester, dass es geschah.

Der Deutsche Hans Berger, der 1924 das erste Elektroenzephalogramm (EEG) erstellte ... fiel vom Pferd und wurde fast von einer Herde Pferde überrannt, die durch die Straße galoppierte, nur Zentimeter von seinem Kopf entfernt. Seine Schwester war meilenweit entfernt, spürte jedoch die Gefahr und bestand darauf, dass ihr Vater ein Telegramm schickte, um herauszufinden, was nicht in Ordnung war. Sie hatte niemals zuvor ein Telegramm versendet, und diese Erfahrung machte Berger so neugierig, dass er seinen Studiengang von Mathematik und Astronomie zu Medizin wechselte und hoffte, auf diese Weise die Quelle dieser psychischen Energie zu entdecken.[2]

Hast du schon einmal Ähnliches erlebt? Du wusstest, dass irgendetwas mit einem Freund nicht stimmt. Du wusstest nicht wieso. Du wusstest es einfach.

Ich erinnere mich, dass ich vor vielen Jahren einen starken Drang spürte, meine Freundin Mary anzurufen. Irgendetwas Ernstes schien los zu sein! Ich rief Mary sofort an. Es stellte sich heraus, dass es an jenem Tag eine sehr üble Situation an ihrem Arbeitsplatz gegeben hatte. Sie lebte allein und der Zeitpunkt für den Anruf war perfekt.

Es ist merkwürdig, aber wir alle erleben dies. Wir denken an einen Freund oder eine Freundin und dann schicken sie uns plötzlich eine Nachricht per Facebook oder rufen an. Wie kommt es dazu? Wir stimmen unwillkürlich ein Lied an und jemand anderes sagt: „Ich habe gerade an dieses Lied gedacht!" Wir treffen eine Person zum allerersten Mal und irgendetwas fühlt sich einfach nicht richtig an. Wie konntest du wissen, dass man ihr nicht trauen kann?

Oder ist dir schon einmal aufgefallen, dass zwei Menschen oftmals den gleichen Gedanken zur selben Zeit haben? Wie oft kommen zwei neue Filme oder zwei Technologien auf den Markt, die fast identisch sind? In der Tat ist das so normal, dass die Wissenschaftler einen speziellen Begriff dafür haben. Sie nennen es „Mehrfacheffekt":

Es gibt ein faszinierendes Phänomen in der Wissenschaft, das als „Mehrfacheffekt" bekannt ist. Von Mehrfacheffekt spricht man, wenn viele Menschen, die geografisch voneinander getrennt sind, mit der exakt gleichen Entdeckung zur exakt selben Zeit aufwarten. Menschen, die überhaupt keine Kommunikation miteinander haben, bringen die exakt selben Entdeckungen und Erfindungen zur selben Zeit heraus und wissen oftmals nicht, dass ihre Idee kürzlich bereits von jemandem der Öffentlichkeit präsentiert wurde, der am selben Problem arbeitet.[3]

Die Beweise verdichten sich, dass sich Menschen außerhalb der gegenwärtigen Paradigmen der Physik verbinden können. Im Jahr 2014 berichteten Wissenschaftler, dass sie erfolgreich eine mentale Nachricht versendet hatten.

Wissenschaftler haben eine ‚mentale Nachricht' von einer Person zu einer anderen, 4000 Meilen entfernten Person, gesendet und bezeichnen dies als das weltweit erste erfolgreiche telepathische Experiment. Sie verbanden eine Person im Mumbai, Indien, mit einem kabellosen Kopfhörer, der mit dem Internet verbunden war, und eine andere Person mit einem ähnlichen Gerät in Paris. Als die erste Person nur an eine Begrüßung – wie z.B. ‚ciao' (Italienisch

für ‚hallo') – dachte wurde der Empfänger in Frankreich sich dieses Gedankens bewusst.[4]

Ich habe die Wissenschaft eingefügt, um euch zum Nachdenken zu bringen.

Die wichtigere Frage für uns ist, was sagt die Bibel? War Jesus telepathisch? Können wir das in der Schrift finden? Die einfache Antwort ist: „Ja". Absolut! Es ist überall in der Bibel. Es war NORMAL für Christus, die verborgenen, inneren Gedanken zu hören. Lest mal die folgenden Verse mit den unschuldigen Augen der neuen Schöpfung. Es ist unglaublich!

Da er aber ihre Gedanken wusste, sprach er zu ihnen (Luk 11,17a ELB).

Und als Jesus ihre Gedanken sah, sprach er: Warum denkt ihr Arges in euren Herzen? (Mt 9,4 ELB).

Da er aber ihre Gedanken wusste, sprach er zu ihnen (Mt 12,25a ELB).

Jesus traf messerscharf den Kern, die echte Herzensangelegenheit. Er nahm die geheimen Motive ihrer Seele aufs Korn. Er antwortete oft nicht auf ihre gesprochenen Worte, sondern auf ihre geheimen, tiefsten Sehnsüchte, die echten Fragen. Im Himmel spricht das Herz lauter als die Zunge.

Jesus wusste, was in ihren Herzen war (Joh 2,24 DAR).

Ich kenne die Gedanken und Gefühle jedes einzelnen (Offb 2,23 CEV).

I röntge jedes Motiv (Offb 2,23 MSG).

Dies ist eine meiner Lieblingsstellen:

Aber Jesus vertraute ihnen sein Leben nicht an. Er kannte sie durch und durch und wusste, wie wenig vertrauenswürdig sie waren. Er brauchte keine Hilfe dabei, sie genaustens zu durchschauen (Joh 2,24 MSG).

Er durchschaute sie! Oh Mann, wie sehr wir das heute brauchen!

Jesus kam als Licht und Wahrheit. Er war völlig frei von äußeren Illusionen tätig. Niemand konnte ihn mit netter Erscheinung, Titeln oder klugen Worten täuschen. Er spielte die menschlichen Psychospiele nicht mit und ließ sich nicht auf Lügen ein. Facebook und Twitter würden ihn nicht beeindrucken!

Denn der Herr durchforscht alle Herzen und Sinne und versteht jede Absicht und Neigung der Gedanken (1Chr 28,9 AMP) ... denn wie jemand in seinem Herzen denkt, so ist er (Spr 23,7).

Und doch sah Gott alles durch die Linse der Liebe. Er sah den verborgenen Schatz. Zog die Menschen aus Illusion und mentalen Gefängnissen heraus, erweckte die Verlorenen. Er zog sie zurück in die reale Welt.

Jesus benutzte Telepathie nicht, um die Menschheit zu verdammen. Er kam, um uns zu zeigen, dass Gott für uns ist. Er kam, um Gerechtigkeit für die Bedürftigen und Freiheit für die Gefangenen zu bringen.

Er (Jesus) wird nicht nach dem Äußeren richten, wird nicht auf der Grundlage von Hörensagen Entscheidungen treffen. Er wird die Bedürftigen nach dem richten, was richtig ist, wird Entscheidungen für die Armen auf der Erde in Gerechtigkeit fällen (Jes 11,3 MSG).

Bei Kardiognose oder Telepathie geht es nicht um Verdammnis oder darum, Menschen schlecht zu behandeln. Es geht einfach darum, aus einer höheren Perspektive heraus zu leben. Es geht um die Freude, zu kennen und erkannt zu werden. Verwundbar und ehrlich miteinander zu sein. Im Licht zu wandeln in echter Gemeinschaft.

Kannst du dir Jesus ohne diese Fähigkeit vorstellen? Ich nicht.

Warum kannst du dir dich selbst dann ohne diese Fähigkeit vorstellen?

Das exakt gleiche Leben in Christus wird nun in uns wiederholt. Wir werden gemeinsam offenbart in derselben Glückseligkeit. Wir sind in Einssein mit ihm verbunden, so wie sein Leben dich offenbart, offenbart dein Leben ihn (Kol 3,4 MIR).

Denn Er spiegelt dich wider!

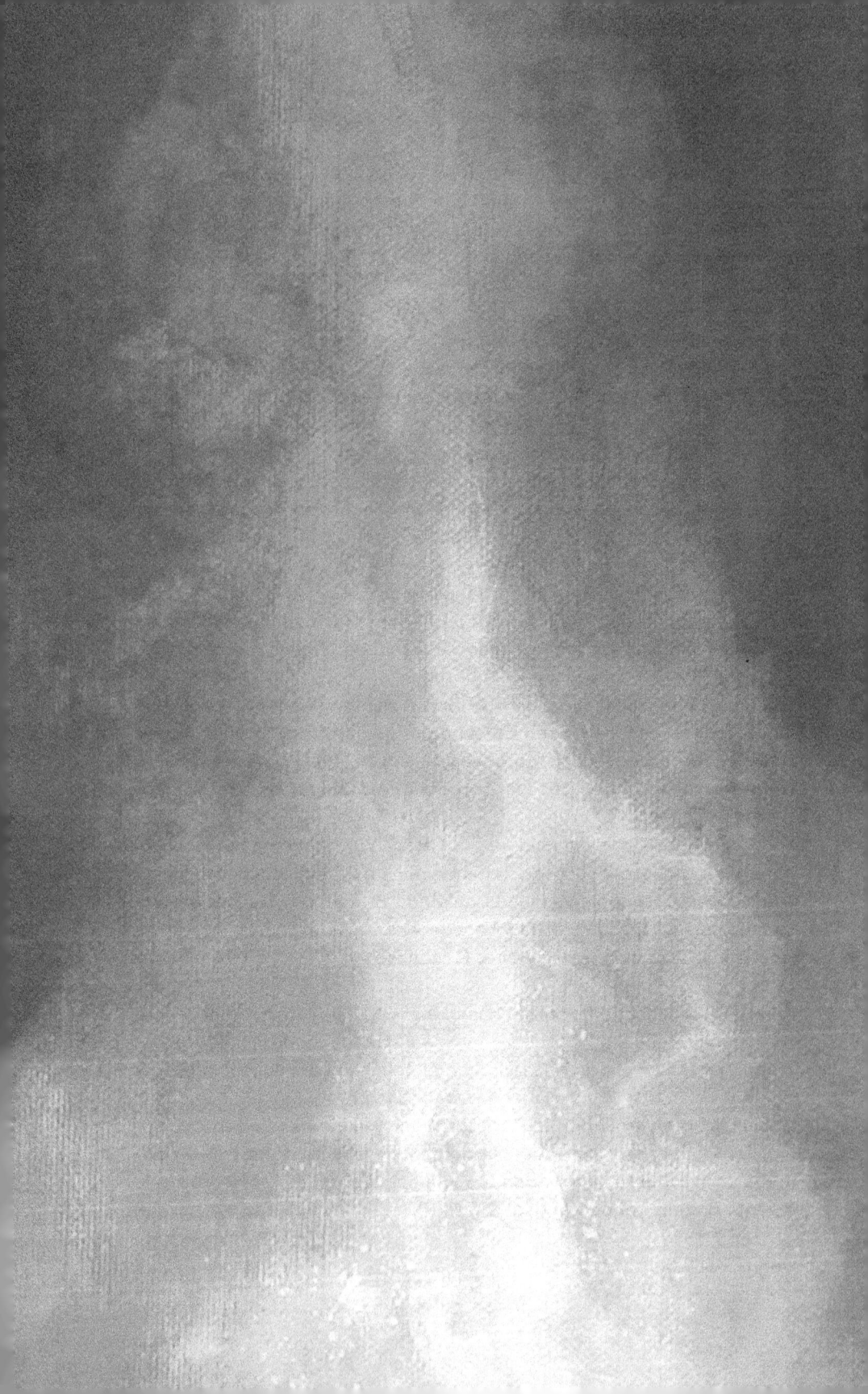

TELEPATHISCHE „HUBS": EIN LEIB

Jeder von uns ist mit dem anderen verbunden und gemeinsam werden wir, was wir nie alleine sein könnten (Röm 12,5 VOI).

Bist du noch bei mir? Du hast es überlebt, im letzten Kapitel das Wort TELEPATHIE zu hören und bist immer noch hungrig, mehr zu erfahren? Das ist super! Es gibt so viel mehr zu erkennen!

Dies wird fortdauern, bis wir durch unseren Glauben und durch unsere Erkenntnis des Sohnes Gottes vereint sind. Dann werden wir mündig sein, genauso wie Christus es ist, und wir werden völlig so sein wie er (Eph 4,13 CEV).

Wir möchten vollständig in Christus umgestaltet sein, völlig erwachsen, völlig lebendig und völlig offenbart!

In diesem Kapitel werden wir das letzte weiter ausbauen, indem wir Geschichten von den Heiligen hören und darüber sprechen, wie Telepathie in unserem Leben heute funktioniert. Dann möchte ich dir zeigen, dass es für ganze Gemeinschaften möglich ist, in dieser Weise zu agieren. Das wird tatsächlich geschehen!

Stoße dich bitte nicht daran. So sind wir einfach geschaffen worden. Das war vor dem Sündenfall schon immer der Plan, wie wir sein sollten. Im äthiopischen Buch Henoch[1] steht, dass die Menschen sich nicht auf Bücher verlassen sollen, um Erkenntnis weiterzugeben. Für Bücher braucht es keine Intimität. Du kannst eine Biografie lesen, ohne jemals die Person zu treffen. Ursprünglich waren wir dazu geschaffen, für immer zu leben und Erkenntnis durch direkte Beziehungen weiterzugeben. Adam war dazu geschaffen, ein lebendiges Buch zu sein, das weit geöffnet, voller Licht alles durch Kardiognose von

Generation zu Generation weitergibt.

So wird es wieder sein. Das ist unsere Zukunft. Wir bekommen kleine Einblicke in diese Dinge, wenn wir uns die vergangenen Leben der Heiligen anschauen. In der folgenden, außergewöhnlichen Geschichte fand die französische Mystikerin Jeanne Guyon heraus, dass sie in einer Phase ernsthafter Erkrankung von Herz zu Herz kommunizieren konnte.

Während dieser außergewöhnlichen Krankheit zeigte mir der Herr schrittweise einen anderen Weg, wie Seelen miteinander kommunizieren können – in tiefer Stille. Wann immer Vater La Combe den Raum betrat, sprach ich mit ihm nur wortlos. Unsere Herzen sprachen miteinander und kommunizierten Gnade ohne Worte. Es war für ihn und für mich so, als würde man in ein neues Land reisen, aber es war ganz offensichtlich so göttlich, dass ich es nicht beschreiben kann. Wir verbrachten viele Stunden in dieser Stille, immer kommunikativ, ohne ein Wort zu sagen ... später war ich in der Lage, auf diese Weise auch mit anderen Seelen zu sprechen, aber da war es eine einseitige Kommunikation. Ich teilte ihnen Gnade zu, aber empfing nichts von ihnen. Mit Vater La Combe war es eine Kommunikation von Gnade, die hin und her floss.[2]

Wie schön! Das ist wahre Einheit, Einssein, so wie es ursprünglich sein sollte. Möchtest du das nicht auch?!

St. Gerard Majella ist ein weiterer Heiliger, der die Herzen von Menschen lesen konnte und genau wusste, was in ihnen vorging. Hier eine amüsante Geschichte von ihm, in der er einen betrügerischen, behinderten Bettler entlarvt!

(Er) verachtete die Handlungsweisen einiger Bettler, die vorgaben, verkrüppelt zu sein, um von den Almosen anderer zu leben. Einmal sah der Heilige einen Mann, der sich mit seinen Krücken vorbeischleppte und um Almosen bat, ein Bein in alte Lumpen gehüllt... Gerard ging auf ihn zu, riss seine Bandagen ab und befahl dem Mann, um seiner eigenen Seele willen, mit der Vorspiegelung falscher Tatsachen aufzuhören. „Als er merkte, dass sein Betrug entdeckt worden war, rannte der heuchlerische Krüppel auf beiden Beinen weg und vergaß sogar seine Krücken."[3]

Diese Fähigkeit war besonders nützlich bei Beichten! Ha!

(St. Philip Neri) hatte ebenfalls die Gabe, die Seelen und Herzen lesen zu können. Diese Gabe nutzte er häufig im Beichtstuhl, wenn eine Sünde vergessen worden war oder ein Reumütiger aus Scham eine schlimme Sünde vorenthalten hatte. Als einmal ein junger Mann sich schwertat, eine bestimmte Sünde zu beschreiben, hatte der Heilige Mitleid mit ihm und offenbarte ganz genau, wie sich alles zugetragen hatte.[4]

Das brauchen wir heute. Bist du es nicht leid, dass wir von unaufrichtigen Leuten, ob sie nun Politiker, Prominente oder YouTuber sein mögen, hinters Licht geführt werden? Im Internet brauchen wir jeden Tag Unterscheidungsvermögen!

Die Wahrheit ist, dass ich mir nicht mehr vorstellen kann, heute ohne dies zu leben. Für mich ist Kardiognose auf meinen Reisen rund um die Welt essenziell geworden. Man kann auf sie nicht verzichten, wenn man die Nationen zu Jüngern machen möchte.

Ich erinnere mich an das erste Mal, wo meine Frau und ich gemeinsam die Gedanken eines anderen hörten. Wir waren am Strand in Wales und gerade dabei, unser Sonnenzelt aufzubauen. Eine Frau saß weiter hinter uns. Meine Frau und ich hörten beide, wie sie dachte: „Da möchte ich sie nicht haben. Sie blockieren die Sicht aufs Meer." Wir schauten uns an und sagten: „Hast du das gehört?!" Wir fanden es amüsant, dass Gott es uns erlaubte, dies zu hören ... und natürlich positionierten wir unser Zelt etwas weiter weg von ihr!

Ich lege so starken Wert auf diese Fähigkeit, dass ich nicht ohne sie funktionieren kann. Wenn ich reise, sehe ich oft, wie viel geistliche Autorität auf einem Leiter ruht. Ich kann sehen, ob jemand mit etwas kämpft, und manchmal auch, was das Problem ist. Ich kann die Schriftrolle mit seiner Bestimmung spüren und ob er mit ihr im Einklang lebt. Oft kann ich auch spüren, wenn jemand lügt.

Einmal sprach in einer Schule des Geistes ein junger Mann mit mir über Reinheit. Traurigerweise war er nicht ehrlich zu mir. In seinen Gedanken konnte ich sehen, dass er in jener Woche mit einem Mädchen geschlafen hatte. Außerdem hatte er Drogenprobleme. Ich lächelte und umarmte ihn. Ich stellte ihn nicht bloß. Ich verstand einfach, in welcher Situation er steckte. Er brauchte Papa. Er brauchte Liebe.

Ich habe herausgefunden, dass Telepathie im tieferen Zustand von Einheit noch viel stärker ist. Wenn ich die Gegenwart ganz stark in mich aufgenommen habe, kann ich manchmal blitzschnell sehen, wie Menschen wirklich sind. Es scheint, als würde ich sie schon Jahre kennen. Das passiert nicht immer, aber ich mag es, wenn es geschieht.

Ich habe Kardiognose auch schon im großen Stil erlebt. Während der Anbetung auf einer Konferenz füllte sich meine Brust mit einer warmen, honigartigen Präsenz. Mein Herz schwoll mit Gottes Liebe an. Die Gedanken und Gefühle eines jeden im Raum drangen auf mich ein. Das war ungewöhnlich.

Wenn mein Verstand still ist und ich tief vom Herrn ergriffen bin, kann ich manchmal die Fragen von Menschen hören, bevor sie sie stellen. Noch öfters bei sehr engen Freunden. Wenn du jemanden in deinem Herzen trägst, scheint es einfacher zu sein, mit ihm zu „connecten". Manchmal vergesse ich zu warten, bis sie sprechen, bevor ich antworte. Das hat uns schon des Öfteren zum Lachen gebracht!

Störe dich nicht daran. Sei offen. Wie ich dir bereits im vorherigen Kapitel gezeigt habe, ist das total biblisch. Lasst uns noch ein weiteres Beispiel aus der Apostelgeschichte anschauen:

Petrus aber sprach: Hananias, warum hat der Satan dein Herz erfüllt, dass du den Heiligen Geist belogen und von dem Kaufpreis des Feldes beiseite geschafft hast?... Warum seid ihr übereingekommen, den Geist des Herrn zu versuchen? (Apg 5,5-9 ELB).

Petrus konnte sie total durchschauen. Unglaublich! Wir kennen den Rest der Geschichte. Sie starben ganz plötzlich. Kannst du dir das vorstellen? Schockierend, oder?!

Stell dir vor, Petrus hätte das nicht gesehen. Die gesamte Gemeinde wäre dann eine Partnerschaft mit Betrug und Spott eingegangen. Hätte auf Satans Plattform von Geiz und Stolz Handel getrieben und mit Korruption übereingestimmt.

Wir müssen wieder auf diese Ebene von Einsicht gelangen. Wir können uns vor diesem so entscheidenden Thema nicht mehr drücken. Wir dürfen uns nicht vom Sichtbaren leiten lassen. Paulus wusste, dass das Äußere nicht der Realität entspricht. Es ist das Innere, das zählt.

Wir kennen niemanden auf eine rein menschliche Weise (2Kor 5,16 HCSB), vom menschlichen Standpunkt her (LEB).

Wir müssen tiefer blicken als bis zum Hautmantel und auch über negative und positive Gerüchte hinausschauen, genau wie Gott:

Denn der Mensch sieht auf das, was vor Augen ist, aber der HERR sieht auf das Herz (1Sam 16,7 ELB).

Genauso funktionieren die Dinge im Himmel. In dieser höheren, unsichtbaren Dimension sprechen unsere Gedanken lauter als unsere Worte. Wir kommunizieren Farben, Frequenzen und Klang.

Ich habe gesehen, wie Heilige im Rat Gottes VERKLÄRT wurden. Sie sprechen miteinander mit Hochgeschwindigkeitsstrahlen aus lebendigen Farben, so als handele es sich um geistliche Glasfasern. Faszinierende Ströme aus Pink-, Pfirsich-, Blau- und Gelbtönen fließen von Geist zu Geist durch die Luft. Alle interagieren miteinander, so wie lebendiges Schwarmdenken. Sie sprechen schneller, als ich verstehen kann. Es ist absolut fesselnd. Unglaubliche Schönheit.

In der Bibel sehen wir eine niedrigere Form von diesem „Instant-Messaging". Paulus erschien in einer Vision ein Mann aus Mazedonien. Er kommunizierte mit Paulus auf telepathische Weise.

Und es erschien dem Paulus in der Nacht ein Gesicht: Ein mazedonischer Mann stand da und bat ihn und sprach: Komm herüber nach Mazedonien und hilf uns! (Apg 16,9 ELB).

Einige nennen das „Traum-Invasion". Das war auch in der Geschichte ganz normal im Leben der Heiligen. Ian Clayton hat einen lustigen Begriff dafür: „geistliche SMS" senden. Er tut das oft!

Paulus, der radikale Mystiker, brachte Gemeinschaft auf eine höhere Ebene und sah, dass es uns auch auf der Erde möglich ist, als geistliche „Hub"-Gemeinschaft synchron zu werden. Genauso wie bei meinen Besuchen im Himmel:

Vollendet meine Freude, indem ihr in Harmonie lebt und eines Sinnes und eins in euren Absichten seid, dieselbe Liebe habt, völlig miteinander übereinstimmt und einen harmonischen Sinn und Plan habt (Phil 2,2 AMP).

Oder einfach gesagt ... **seid EINES SINNES (2Kor 13,11).**

Das ist geistliche „KAINOS"- Technologie. Wir sind ein lebendiger Kommunikationsknotenpunkt, der über die Raum-Zeit-Matrix hinausgeht. Jede Definition von Distanz ist in Christus ausgelöscht worden. Wir sind mystisch miteinander verwoben in Liebe, in der Gemeinschaft eines Leibes.

Ich habe herausgefunden, dass diese Fähigkeit umso besser funktioniert, je tiefer wir die Einheit genießen und je mehr wir mit der Gegenwart Gottes in Beziehung treten. Je mehr ich vom göttlichen Wesen umhüllt bin, desto natürlicher wird diese beseligende Welt. Aus mir selbst kann ich nichts tun. Aber im Einssein erreichen wir die Vollendung.

Getrenntsein ist einfach nur eine falsche Wahrnehmung unseres Verstandes. Die Realität ist Einssein.

Wir sind viele Menschen, aber in Christus sind wir alle ein Leib. Wir sind die Teile dieses Körpers und jedes Teil gehört zu allen anderen (Röm 12,5 ERV).

Jeder von uns ist mit dem anderen verbunden und gemeinsam werden wir das, was wir nicht alleine sein konnten (Röm 12,5 VOI).

„GEMEINSAM werden wir das, was wir nie alleine sein konnten." Ich liebe das.

Die Zukunft wird von Einssein geprägt sein.

Vor Christus war die Menschheit stark auf die physische Welt begrenzt. Wir waren an Raum und Zeit gebunden. Gefesselt an die Begrenzungen unseres natürlichen Körpers. Geistlich blind. Gefallen.

Mit der neuen Schöpfung veränderte sich das alles. Sicht ist die Frucht der Wiedergeburt. Glaube öffnet unsere Augen.

Denn wir schauen alle Zeit nicht nur die sichtbaren Dinge an, sondern die unsichtbaren. Die sichtbaren Dinge sind vorübergehend: Es sind die unsichtbaren Dinge, die wirklich bleibend sind (2Kor 4,18 PHI).

Der Apostel Paulus dachte, es sei ganz natürlich zu sehen. Er ermutigte seine Nachfolger, das Unsichtbare anzuschauen, ihren Blick beständig auf die Dinge dort oben zu richten. Paulus war ein Mystiker!

Schaut hinauf und seid achtsam, was um Christus herum passiert – dort findet das eigentliche Geschehen statt (Kol 3,1 MSG).

Das ist ein weiteres Geheimnis des Evangeliums. Johannes, der Geliebte, ist uns hier Vorbild. Er war im Geist am Tag des Herrn. Er hörte eine Stimme und „wandte sich um, um zu schauen" (s. Offb 1). Wenn wir im Geist sind, können wir uns „umwenden, um zu sehen", so wie Gott uns leitet. Ich habe herausgefunden, dass er sich danach sehnt, uns seine Welt zu zeigen. Er möchte, dass wir sehen.

Weltliche Regierungen sind sich dessen bewusst, dass Menschen (auch in ihrem gefallenen Zustand) eine gewisse Fähigkeit besitzen, entfernte Ereignisse zu sehen. So wie Telepathie geht das über die gegenwärtigen wissenschaftlichen Erkenntnisse hinaus. Dennoch wissen sie, dass da etwas geschieht. Sie nennen diese Fähigkeit „Fernsicht".

Fernsicht (Remote Viewing oder „RV" im Englischen) ist die Praktik, Eindrücke über ein entferntes oder unsichtbares Ziel mit subjektiven Mitteln, insbesondere mit außersinnlicher Wahrnehmung (ASW; im Englischen ESP) oder mit „gedanklichem Erspüre"[1] gewinnen zu wollen.

In den USA wurde ein Projekt entwickelt, um das zu untersuchen. Sie nannten es „Project Stargate" (Projekt Sterntor). Ich weiß, das klingt wie Science-Fiction, aber es ist wahr! Es lief offiziell 20 Jahre lang bis 1995. Die offizielle Verlautbarung ist, dass es ein Reinfall war. Wenn man sich die Beweise jedoch einmal etwas genauer anschaut, wird man feststellen, dass einige Leute sehr begabt darin waren. Ein Mann war in der Lage, Eigenschaften des Sonnensystems festzustellen, bevor die NASA dort mit ihren Satelliten hinkam. Da ist etwas im Gange!

Wenn demnach schon der natürliche Mensch in Teilen Zugang zu dieser Fähigkeit hat – wie viel mehr haben wir, die „KAINOS"-Söhne, die von der göttlichen Natur durchdrungen und mit ihr verbunden sind, dann die Fähigkeit zu sehen?

Die Vorreiterin Nancy Coen nennt diese Fähigkeit der neuen Schöpfung „unbegrenzte Sicht".

Es ist erstaunlich. Was für eine Gabe! Selbst das großartige Hubble-Teleskop kann sich mit der Reichweite unserer Sicht nicht messen. Hast du dir schon einmal den Kosmos gemeinsam mit Jesus angeschaut?

Während dieses Zeitalter nun zu Ende geht und ein neues beginnt, werden wir eine ganz neue Klarheit in unserer Vision erreichen. Wir werden mündig werden.

Die feste Speise aber ist für Erwachsene, die infolge der Gewöhnung geübte Sinne haben zur Unterscheidung des Guten wie auch des Bösen (Hebr 5,14 ELB).

Was einst nur für Propheten war, wird für alle normal sein. Lass uns einige Beispiele anschauen:

Würdest du gerne deine Nation vor Angriffen schützen? Das genau tat Elisa für Israel. Wann immer der König von Syrien einmarschieren wollte, war Israel vorbereitet auf ihn und gewann die Schlacht. Jemand hatte ihnen einen Tipp gegeben. Der König war wütend. Gab es einen Spion im Lager?

Da wurde das Herz des Königs von Aram über diese Sache sehr beunruhigt, und er rief seine Knechte und sagte zu ihnen: Könnt ihr mir nicht mitteilen, wer von den Unseren zum König von Israel hält?

Da sagte einer von seinen Knechten: Nein, mein Herr und König, aber der Prophet Elisa, der in Israel ist, teilt dem König von Israel die Worte mit, die du in deinem Schlafzimmer redest (2Kön 6,11f. ELB).

Elisa hatte das Geheimnis gelernt, was ich euch gerade lehre. Er war ein Schild für seine Nation und beschützte sie vor Unheil. Er half der Regierung. Er lebte jenseits der Grenzen von Örtlichkeit. Er hatte gelernt, wie man sich mit Gott in den Bereichen des Königreichs bewegt.

Und was ist mit der Beobachtung von geheimen Treffen? Würdest du gerne wissen, was rund um den Globus passiert? Der Prophet Hesekiel sah geheimen Götzendienst hinter verschlossenen Türen und wer daran beteiligt war. Er nahm die Korruption der Regierung und die Intrigen in seiner Generation wahr.

Und er sprach zu mir: Geh hinein und sieh die schlimmen Gräuel, die sie hier verüben!
Und ich ging hinein und sah, und siehe, da waren allerlei Abbilder von Kriechtieren und Vieh: Abscheuliches und allerlei Götzen des Hauses Israel ringsherum auf der Wand als Ritzzeichnung zu sehen. Und siebzig Männer von den Ältesten des Hauses Israel standen davor, und Jaasanja, der Sohn Schafans, stand mitten unter ihnen; und jeder hatte seine Räucherpfanne in seiner Hand; und der Duft einer Weihrauchwolke stieg empor. Und er sprach zu mir: Hast du gesehen, Menschensohn, was die Ältesten des Hauses Israel im

Finstern tun, jeder in seinen Bilderkammern? Denn sie sagen: „Der HERR sieht uns nicht, der HERR hat das Land verlassen." (Hes 8,9-12 ELB).

Diese bösen Menschen dachten, sie würden ungestraft davonkommen, weil der Herr es nicht sieht! Wie wahr ist das auch heutzutage? Wie viele Regierungen und Unternehmen schließen gerade unethische Verträge ab? Sie denken, das bleibt verborgen. Das wird sich jedoch ebenfalls ändern!

Fürchtet euch nun nicht vor ihnen! Denn es ist nichts verdeckt, was nicht aufgedeckt, und nichts verborgen, was nicht erkannt werden wird (Mt 10,26 ELB).

Ich glaube, dass neue Ekklesia-„Hubs" (geistliche Gruppen als Knotenpunkte) in jeder Nation auftauchen werden, die sehen, hören und verstehen können. Sie werden von Erkenntnis durchdrungen werden und vor Weisheit leuchten.

Es gibt kleine Hinweise aus der Vergangenheit, die aufzeigen, was kommen wird, besonders bei den keltischen Heiligen. In einer Epoche ohne Handys oder Facebook verließen sie sich auf „unbegrenzte Sicht" und Kardiognose, um miteinander verbunden zu bleiben. Sie wussten, was vor sich ging.

Eines Tages stand St. Kolumba auf Iona plötzlich von seiner Lektüre auf und sagte mit einem Lächeln: „Ich muss jetzt zur Kirche eilen, um zu Gott für ein armes Mädchen zu rufen, das von den Schmerzen einer sehr schlimmen Geburt gequält wird und gerade in Irland meinen Namen ruft. Denn sie hofft, dass der Herr sie durch mich von ihrer Pein erlöst, weil sie mit mir verwandt ist, denn ihr Vater gehörte zu den Angehörigen meiner Mutter."[2]

Beachte, dass sie nach ihm rief. Sie stellte durch Kardiognose einen Kontakt von Geist zu Geist her. Eine geistliche SMS, um Hilfe zu bekommen. Wenn sich dein Herz bewegt, dann folgt ihm dein Geist. Wenn die andere Person offen und „auf Sendung" ist, dann wird sie dich spüren und antworten. Es ist ein geistlicher Telefonanruf.

Kolumbas Geschichte geht weiter:

St. Kolumba wurde von Mitleid für das Mädchen ergriffen und rannte zur Kirche, wo er sich hinkniete und zu Christus, dem Menschensohn, betete. Nach dem Gebet kam er heraus und sagte zu den Geschwistern, die ihn trafen: „Nun hat unser Herr Jesus, der von einer Frau geboren wurde, dem armen Mädchen Gunst gezeigt und ihr rechtzeitige Hilfe gesandt, um sie aus ihren Schwierigkeiten zu befreien. Sie hat wohlbehalten entbunden und ist nicht mehr in Todesgefahr."

Später fanden sie durch Leute aus dem Ort heraus, dass alles, was Columba gesagt hatte, wahr war. Das war normal für Columba. Das Prophetische funktionierte mit Klarheit und Genauigkeit. Das werden wir wieder erleben, wenn die neuen Orakel überall auf der Erde hervorkommen werden. Menschen wie Samuel, deren Worte nicht auf den Boden fallen werden. Ein höherer prophetischer Dienst kommt.

In der nächsten Geschichte traf Kolumba einen Mann bei einem Gästehaus. Er sah sofort, woher der Mann kam und auch, welche Schlüsselereignisse sich gerade bei seiner Familie zu Hause ereigneten.

Als der Heilige ihn sah, sagte er: „Wo wohnst du?" „In Cruach Rannoch nahe am Ufer des Sees." „In dem Bezirk, den du nennst," sagte der Heilige, „plündern gerade gefährliche Marodeure." Als der arme Laie dies hörte, begann er um seine Frau und seine Kinder zu trauern, aber der Heilige tröstete ihn in seiner Not und sagte: „Gehe, lieber Genosse, gehe. Deine ganze Familie ist in die Berge geflohen und entkommen, obwohl grausame Plünderer sie mit deiner kleinen Herde vertrieben und die Möbel in deinem Haus als Beute mitgenommen haben." Als der Laie in seinen Bezirk zurückgekehrt war, fand er heraus, dass alles, was der Heilige zu ihm gesagt hatte, erfüllt worden war.

Der verstorbene Prophet Bob Jones hatte oft sehr ähnliche Erlebnisse. Einige dieser Geschichten sind sehr lustig! Ich erinnere mich daran, dass ich vor einigen Jahren Jeff Jansen (Global Fire Ministries) in Wales für eine Konferenz zu Gast hatte. Jeff ruhte sich etwas im Hotel aus. Er schaute in den Spiegel und sah plötzlich Bob (der einer seiner Mentoren war) hinter sich stehen. Schockiert drehte Jeff sich um sah, dass er immer noch allein war. Jeff rief Bob direkt in Amerika an, um herauszufinden, ob es wirklich Bob gewesen war. Bob lachte und sagte: „Ja, ich habe nach meinen Jungs geschaut!" Er liebte Jeff und wollte sicher gehen, dass es ihm auf seiner Reise nach Wales gut ging. Ich liebe das! Das ist ein „KAINOS"-Leben!

Ich habe vom Herrn gelernt, dass du, wenn du jemanden in deinem Herzen trägst – wenn du ihn oder sie liebst und sie wie einen Schatz in deinem Geist bewahrst – dann mehr in Bezug auf ihr Leben sehen und fühlen wirst. Dein Geist wird deinem Herzen folgen (s. 2Kön 5,26).

Ich habe entfernte Ereignisse gesehen. In Träumen und Visionen habe ich Vorstandssitzungen und Gespräche an anderen Orten beobachtet. Einmal sah ich, was meine Frau Rachel in der Küche tat, während ich im Wohnzimmer war. Manchmal wurde es mir sogar erlaubt, von dieser Welt weg ins All zu schauen.

Unser älterer Bruder ist der Prototyp. Er ist der Fels, auf dem wir stehen und unser Leben gründen. Jesus lebte frei von menschlichen Begrenzungen und konnte über seine natürlichen Augen hinaussehen.

Jesus sah den Nathanael zu sich kommen und spricht von ihm: Siehe, wahrhaftig ein Israelit, in dem kein Trug ist! Nathanael spricht zu ihm: Woher kennst du mich? Jesus antwortete und sprach zu ihm: Ehe Philippus dich rief, als du unter dem Feigenbaum warst, sah ich dich (Joh 1,47f. ELB).

Er sah Nathanael, bevor er ihn überhaupt traf. Dieses spezifische Wort über den Feigenbaum traf Nathanael mitten ins Herz. Er glaubte sofort.

Ist dir das schon mal passiert? Hast du jemals jemanden getroffen und dachtest, du kennst ihn bereits? Vielleicht hast du ihn zuvor im Geist gesehen. Du wärst erstaunt, wie aktiv dein Geist tatsächlich ist. Er bewegt sich ständig, besonders nachts. Er schläft niemals.

Unsere Vision ist auch nicht auf Menschen oder Nationen begrenzt. Ja, wir können entfernte Ereignisse hier sehen, so wie Elisa den König von Aram, aber wir können auch das Himmlische sehen. Jesus sagte:

Ich schaute und sah Satan vom Himmel fallen wie einen Blitz! (Luk 10,17-20 PHI).

Er sah immer durch viele Dimensionen und arbeitete mit seinem Vater zusammen. Tatsächlich müssen wir sehen können, um wirklich als reife

Söhne wirken zu können.

Da antwortete Jesus und sprach zu ihnen: Wahrlich, wahrlich, ich sage euch: Der Sohn kann nichts von sich selbst tun, außer was er den Vater tun sieht; denn was der tut, das tut ebenso auch der Sohn (Joh 5,19) ... Ich rede, was ich bei dem Vater gesehen habe (Joh 8,38 ELB).

Nichts auf der Welt ist vor seinem Blick verborgen.

Die Augen des Herrn wandern beständig über die Erde (2Chr 16,9 ISV).

Wohin sollte ich gehen vor deinem Geist, wohin fliehen vor deinem Angesicht? Stiege ich zum Himmel hinauf, so bist du da. Bettete ich mich in dem Scheol, siehe, du bist da. Erhöbe ich die Flügel der Morgenröte, ließe ich mich nieder am äußersten Ende des Meeres, auch dort würde deine Hand mich leiten und deine Rechte mich fassen (Ps 139,7-10 ELB).

Der Psalmist begriff, dass Gottes Geist überall ist und dass er alles erfüllt – sogar die Hölle. Die Schöpfung ist kleiner als die Dreieinigkeit. Sogar die Himmel der Himmel sind zu klein.

Siehe, der Himmel und die Himmel der Himmel können dich nicht fassen (1Kön 8,27b ELB).

(Jesus), der herabkam, ist der derselbe, der höher als alle Himmel hinaufstieg. Er tat dies, damit er überall ist (Eph 4,10 WE).

Ich liebe das. Diese Verse sind Gold wert. Tore in den göttlichen Ozean! Spring hinein!

Hier wird es auch für uns als Söhne fantastisch. Sind wir nicht ebenfalls jetzt mit seinem Geist verbunden? Ist nicht das Evangelium eine Botschaft von Einheit mit ihm? Eine geistliche Ehe? Ja!

Aber derjenige, der sich mit dem Herrn verbindet, wird EIN Geist mit ihm (1Kor 6,17 WE).

Und so können wir auf eine neue mystische Weise ÜBERALL

hingelangen in Christus, weil wir bereits überall in Christus sind. Wir sind in ihm und Christus ist in uns! Erstaunlich! So wie Paulus sagte:

Gottes Geist lockt. Es gibt Dinge zu tun und Orte zu bereisen! (Röm 8,14 MSG).

Ich liebe diese Einladung! Wie Aladdin im Disney-Comic streckt sich der Heilige Geist nach uns aus und sagt: „Vertraust du mir?" Vielleicht hast du diesen Film nicht gesehen? Das junge Mädchen Jasmin denkt über das Angebot zu fliegen nach und springt dann auf den Zauberteppich mit Aladdin. Sie fangen an, ein wunderbares Lied über die ‚völlig neue Welt' zu singen, die sie sehen (kommt dir das bekannt vor?)![4]

Aladdin singt: „**Ich kann dir deine Augen öffnen, dich von Wunder zu Wunder mitnehmen…"**

Das ist ein prophetisches Bild davon, wie es ist, sich im Geist zu bewegen. Es ist nicht furchterregend. Du bist mit ihm zusammen. Du bist nicht alleine. Er führt dich. Er zeigt dir Dinge. Wenn wir eins sind, fliegen wir auf der Gnade!

Jasmin singt zurück zu Aladdin:

„**Ich bin wie eine Sternschnuppe. Ich bin so weit gekommen, dass ich nicht mehr dahin zurückgehen kann, wo ich einmal war."**

Das ist der Traum des Himmels für uns. Dass wir einen so großen Schritt machen, dass wir niemals zurückgehen können. Genau wie Henoch!

WISSENSEINGEBUNGEN

> Gott gab Salomo Weisheit – das tiefste Verständnis und das größtmögliche Herz. Es gab nichts, das ihn überforderte, nichts, das er nicht lösen konnte (1Kön 5,9 MSG).

Ich bin froh, dass du immer noch liest! Ich weiß, es ist für einige von euch echt herausfordernd. Gut, dass du schon bis hierher gelangt bist. Lass uns wirklich hungrig nach mehr werden. Du wurdest dafür geschaffen. Ich bin davon überzeugt, dass all dies in Zukunft nur Grundwissen sein wird. Wir sind auf dem Weg in ein neues Zeitalter.

Lass uns unsere Definitionen über das, was möglich ist, JETZT erweitern. Die Gemeinde hat sich mit viel zu wenig begnügt. In diesem Kapitel werden wir ein anderes Set von mystischen Fähigkeiten, die aus unserer Einheit mit dem Göttlichen entspringen, genießen. Man nennt sie „Wissenseingebungen" und „erweitertes Herz".

Wie der TARDIS in Dr. Who (ja, ich bin ein Streber) sind wir innerlich viel größer als äußerlich. In uns sind alle Reichtümer und Geheimnisse des Himmels gespeichert. Wir müssen einfach nur lernen, wie wir von diesem verborgenen Schatz schöpfen können, um der Welt zu helfen. Wie man von innen her lebt und das nach außen bringt.

Lass uns mit „Wissenseingebungen" beginnen. Man kann sie folgendermaßen definieren:

Es ist die Gabe von natürlicher (säkularer) und übernatürlicher (geistlicher) Erkenntnis, die auf wundersame Weise von Gott übertragen wird. Einige glauben, dass Adam und Eva, die in einem erwachsenen Stadium in Existenz kamen, diese ebenfalls besessen haben und die ersten Lehrer der Menschheit sein sollten.[1]

Eingegebenes Wissen ist Erkenntnis, die uns direkt von Gott übertragen wird. Sie kommt nicht durch irdisches Studium. Sie ist nicht natürlich, sondern übernatürlich!

Sie ist nicht auf ein Thema begrenzt. Es kann sich um Erkenntnis über Wissenschaft, Musik, Sprache, Zeit, Menschen, Kunst oder sogar über den Kosmos handeln. Sie kann ganz plötzlich wie ein Geistesblitz kommen oder sanft über einen gewissen Zeitraum verteilt. Es ist eine Frucht von mystischer Einheit.

Ich bin der Weinstock, ihr seid die Reben. Wenn ihr mit mir verbunden seid und ich mit euch und die Beziehung intim und organisch ist, dann wird die Ernte ganz sicher ergiebig sein. Getrennt könnt ihr gar nichts zustande bringen (Joh 15,7 MSG).

Das Erstaunliche in Bezug auf eingegebenes Wissen ist, dass es manchmal heimlich kommen kann, ohne dass du weißt, wie das zustande gekommen ist. Es kann in der Nacht oder in der Gegenwart dein Herz durchdringen.

**Doch auf eine Weise redet Gott und auf eine zweite, und man wird es nicht gewahr.
Im Traum, in der nächtlichen Vision,
wenn tiefer Schlaf auf die Menschen fällt,
im Schlummer auf dem Lager,
dann öffnet er das Ohr der Menschen
und bestätigt die Warnung (Engl. „versiegelt die Anleitung")
für sie (Hi 33,14-16 ELB).**

Vor einigen Jahren wurde ich stark berührt, als ich Joshua Mills (New Wine International) zuhörte. Joshua erzählte uns eine Geschichte von sich als Teenager, wo er auf sehr mächtige Weise Gott begegnet war. Er war in einer Gemeindeversammlung und wurde plötzlich vom Heiligen Geist regelrecht berauscht. Am nächsten Morgen wachte Joshua auf und konnte Keyboard spielen und Lieder schreiben. Es war alles da und er konnte es einfach so umsetzen. Gott hatte diese „Anleitung in ihm in der Nacht versiegelt". Möchtest du das nicht auch?! Göttliche Downloads!

Wissenseingebung steht im Zusammenhang mit Einheit. Darüber sprechen wir oft in unseren Podcasts. Sie ist einfach eine der Früchte von Freundschaft. Eine der entscheidenden Anzeichen von echter geistlicher Ekstase.

Einmal erlebte ich dieses Phänomen im Flugzeug auf dem Weg zu einem Jugendtreffen in Frankreich. Ich genoss Gottes Lieblichkeit und wurde plötzlich hinaufgezogen. In Sekundenschnelle befand ich mich im Himmel. Ich sah die Bücher der Zukunft und empfing Einsicht über Henoch. Ich begriff, dass die Ekklesia tatsächlich verwüstete Städte wieder aufbauen, die Erde landschaftlich gestalten und die DNA transformieren wird. Ich war mit Jesaja 61,3f. durchdrungen worden. Unglaublich!

Einige glauben, dass Adam diese Form von Wissen hatte, dass die ersten Menschen 100% Gehirn-Power hatten. Geschaffen, um direkt zu handeln, musste Adam nicht erst laufen und sprechen lernen. Das war alles bereits vorhanden. Er wurde als Erwachsener geboren. Adam wusste, wie man den Boden bestellt und Technologie kreiert. Ihm war Verständnis in Bezug auf die Tiere und die Pflanzen eingegeben worden. Er kannte ihre Eigenarten.

Wir sehen diese Fähigkeit auch oft bei Jesus. Von der Frau am Brunnen kannte Jesus die gesamte Lebensgeschichte. Nichts war vor ihm verborgen. Sie war erstaunt!

Aus jener Stadt aber glaubten viele von den Samaritern an ihn um des Wortes der Frau willen, die bezeugte: Er hat mir alles gesagt, was ich getan habe (Joh 4,39 ELB).

Er kannte sie in und auswendig. Kannte ihre Geschichte und ihren Schmerz. Das war kein natürliches Wissen. Es kam durch den Geist. Es kam vom Vater (1Kor 2,10).

Hast du schon einmal so etwas erlebt? Dass Gott blitzschnell etwas in dich heruntergeladen hat?

In der Kirchengeschichte gibt es mehrere solche Geschichten. Ich schaue oft auf die keltischen Gläubigen. Sie sind in den Jahrhunderten wie Leuchtfeuer und wurden zu Zeichen der Hoffnung für die britischen Inseln. In dieser Begebenheit warteten St. Bridget und ihre Freunde darauf, einen wichtigen Offiziellen zu treffen, um einen Fall zu verhandeln.

Bridget liebte Musik und eines Tages war sie in der Festung eines Keltenfürsten, irgendwo in der Nähe von Knockaney (im County Limerick) und machte sich auf, um die Freilassung eines Gefangenen zu erbitten. Sie wurde gebeten, Platz zu nehmen und auf den Keltenfürsten bei seinem alten Ziehvater zu warten. Während sie wartete, sah sie einige Harfen an der Wand hängen. Sie bat um etwas Musik, aber die Harfenisten waren nicht da. Die Schwestern, die mit Bridget gekommen waren, sagten dem Vater, er solle die Harfe holen und während Bridget anwesend sei, habe er die Fähigkeit, die Harfe zu spielen. Der alte Mann nahm die Harfe von der Wand, schrummelte ungeschickt, aber fand plötzlich heraus, dass er Klänge und Harmonien produzieren konnte. Eine weitere Person aus dem Haushalt versuchte sich ängstlich an einer zweiten Harfe mit denselben Ergebnissen. Augenblicklich füllte sich der Ort mit fröhlicher Musik und der Fürst kam nach Hause und hörte es. Er vernahm das seltene Lachen seines Ziehvaters. Entzückt über solch eine Ankunft zu Hause gewährte er Bridget alles, um das sie ihn bat.[2]

Ha! Das ist eine Herrlichkeitsinvasion! Davon brauchen wir heute mehr. Bei der Arbeit, zu Hause, in der Schule. Kannst du das sehen? Ich träume davon. Ich kann sehen, wie die wilden Inseln von Großbritannien vor Freude beben!

Dieses Wunder war nicht nur auf frühere Zeiten beschränkt. Auch der amerikanische Heilungsevangelist John G. Lake erlebte Wissenseingaben. Einmal wollte John einen Zug nehmen und hatte das starke Verlangen, mit einigen Italienern über Jesus zu sprechen, die auf dem Gleis warteten.

**Während ich auf dem Gleis hin und her lief, sagte ich: „Oh Gott, wie gerne würde ich mit diesen Männern über den lebendigen Christus und seine rettende Kraft reden können."
Der Geist sagte: „Das kannst du."[3]**

Hast du das gehört? „Das kannst du!" Gott sagt das!

Was dann geschah ist pure Freude:

Ich ging in ihre Richtung und während ich mich ihnen näherte, beobachtete ich mich selbst, wie ich in einer fremden Sprache

redete. Ich sprach einen aus der Gruppe an und er antwortete mir direkt auf Italienisch. Ich fragte ihn, woher er sei, und er antwortete, „Neapel." Fünfzehn Minuten lang ließ Gott mich dieser Gruppe von Arbeitern auf Italienisch Wahrheiten von Christus und der Kraft Gottes verkünden, in einer Sprache, von der ich keine Ahnung hatte.

John G. Lake prophezeite, dass eine Gnadendusche käme, um eine zukünftige Generation dazu zu salben, JEDE Sprache zu sprechen. Er sah, dass das, was er erlebte, nur ein Blitz, ein flüchtiger Einblick in das war, das kommen würde.

Kannst du dir das jetzt vorstellen? Jeder von uns spricht VIELE Sprachen! Die Medien würden sich vor Erstaunen überschlagen. Das würde die Welt erschüttern. Ich wage es, für solche Dinge zu glauben. So wie Paulus sagte:

Wenn es so aussieht, als seien wir verrückt, dann ist es, um Gott Ehre zu bringen (2Kor 5,13 NLT).

Die zweite „KAINOS"-Power, die damit einhergeht, ist, was ich ein „erweitertes Herz" nenne. Das ist die tiefgreifende, übernatürliche Fähigkeit, Erkenntnis anzuwenden, Rätsel zu lösen und Lösungen zu finden.

Es handelt sich dabei um ein weit über natürliches Denken hinausgehendes weises Herz. Das ist es, worin Salomo und viele historische Heilige wandelten. Lies diesen nächsten Vers und stelle dir vor, wie das bei dir geschieht:

Gott gab Salomo Weisheit – das tiefste Verständnis und das größtmögliche Herz. Es gab nichts, das ihn überforderte, nichts, das er nicht lösen konnte (1Kön 5,9 MSG).

Elohim gab Salomo Weisheit – gestochen scharfe Einsichten und einen Verstand so unbegrenzt wie der Sand am Meeresufer (1Kön 5,9 NOG).

Wow! Ich liebe das ... einen unbegrenzten Verstand!!

Die Bibel ist voll von Menschen, die darin wandelten, bevor die neue

Schöpfung kam. Kleine Anzeichen für ein größere Zeit. Daniel war einer von ihnen. Er übernahm im Geist die Verantwortung für eine Nation, und dazu gesellten sich dann Autorität und ein erweitertes Herz.

Ein außergewöhnlicher Geist, Erkenntnis und Einsicht, die Gabe, Träume zu deuten, Rätsel aufzuklären und komplexe Probleme zu lösen – all das wurde in Daniel gefunden (Dan 5,12 AMP).

Er konnte wirklich alles tun – Träume deuten, Geheimnisse auflösen, Rätsel erklären (MSG).

Geheimnisse aufschlüsseln und verzwickte Probleme lösen (CJB).

Nichts überforderte Daniel. Nichts … denk mal darüber nach.

Einige glauben, dass wir nur 10% unserer Gehirnkapazität nutzen. Wozu sind die restlichen 90% da? Vielleicht ist der Rest für höheres Bewusstsein gedacht und für die Kommunikation mit anderen Dimensionen, was wir den Geistbereich nennen?

Was wir wissen, ist, dass Jesus kam, um alles, was verloren gegangen war, wiederherzustellen. Alles wiederzugewinnen. Das schließt unseren Intellekt und unser Denkvermögen, unser Wissen und die 100% mit ein und noch viel mehr.

Denn der Menschensohn kam, um das zu suchen und zu erretten, was verloren war (CJB).

Bob Jones prophezeite vor seinem Heimgang, dass wir, wenn wir in das Zeitalter der Ernte eintreten, erleben würden, wie unsere kognitiven Fähigkeiten zunehmen. Ich glaube das.

Wir können die Zeiten, in denen wir leben, einfach nicht erfassen, ohne auch zu verstehen, dass Offenbarung, Weisheit und Einsicht stark zunehmen werden.

Eure Söhne werden weissagen, auch eure Töchter; eure jungen Männer werden Visionen haben, eure alten Männer Träume. Wenn die Zeit kommt, werde ich meinen Geist ausgießen auf die, die mir dienen, auf beide, auf Männer und Frauen, und sie werden weissagen (Apg 2,17 MSG).

Das ist eine massive Veränderung! Wir befinden uns im Zeitalter von offenbarter Wahrheit! Und das nimmt zu.

Zu Henochs Zeit war es genau umgekehrt. Weisheit konnte keinen Ruheort auf der Erde finden. Die Generation damals war rebellisch und gesetzlos und liebte Gott nicht. Es war eine finstere Zeit. Weisheit blieb im Himmel verschlossen. *Im verlorengegangenen Buch Henoch*[4] steht:

Es erschien merkwürdig, dass Weisheit keinen Ort fand, wo sie hätte wohnen können. Dann wurde ihr ein Ort im Himmel zugewiesen…sie ging aus, um ihr Quartier unter den Menschenkindern aufzuschlagen, aber fand keinen Wohnort. Sie kehrte zurück zu ihrem Ort und saß unter den Engeln.

Dennoch sah Henoch eine Zeit, in der sich das ändern würde. Eine Zeit, in der Menschen in den Himmel gehen und von Weisheits Quellen trinken würden. Er sah die Zeit, wo Ekklesia-Gemeinschaften entstehen würden, voraus.

Ich sah den Brunnen der Gerechtigkeit, welcher unerschöpflich ist. Überall umher gab es andere Quellen von Weisheit. Diejenigen, die durstig waren, tranken von diesem Wasser und sie wurden von Weisheit erfüllt.

Mystische Gemeinschaften kommen hinauf nach Zion, um Gottes Wege zu lernen. Ich liebe das! Es hat begonnen.

Henoch sah, dass Weisheit die Erde mit den Geheimnissen der Gerechtigkeit durchtränken würde. Eine Zeit von regelrechter „Erkenntnisinvasion". Eine Ausgießung des Geistes der Weisheit!

Weisheit wird wie Wasser ausgegossen werden und die Herrlichkeit Gottes wird niemals versagen. Denn er ist mächtig in allen Dingen und in allen Geheimnissen der Gerechtigkeit.

Wir befinden uns in dieser Zeit. Das glaube ich. Ich sehe es. Wir haben „KAINOS"-Menschen getroffen, die neue Computertechnologien, Autodesigns, lebensverlängernde Ideen, topaktuelle Algorithmen, Nanotechnologie und vieles anderes empfangen haben. Einiges davon ist echt toll! Das geschieht jetzt gerade, oft im Verborgenen. Ich habe eine Neuschöpfungsfabrik besucht, um mir selbst ein Bild zu machen. Was ich dort sah, war absolut verblüffend! Ich war total begeistert!

Möchtest du das nicht auch?

Erstaunlicherweise möchte Gott das auch für uns und noch vieles mehr!

Es hat eurem Vater wohlgefallen, euch das Reich zu geben (Lk 12,32 ELB).

Zweifele daran nicht! Es bereitet ihm FREUDE, das Königreich mit dir zu teilen!

Rufe mich an und ich werde dir antworten und dir große und mächtige Dinge zeigen, die du nicht kennst (NKJV) ... Ich werde dir wundervolle und erstaunliche Dinge erzählen, die du niemals selbst herausfinden hättest können (MSG) ... Dinge, die dein Vorstellungsvermögen sprengen (VOI) (Jer 33,3).

Vielleicht fühlst du dich nicht qualifiziert für solch einen Wandel. Das Evangelium ist die frohe Botschaft – dass du untauglich warst, und deshalb hat Jesus es für dich vollbracht! Er lebte ein vollkommenes Leben für dich. Und jetzt ergreifen wir das Königreich im Glauben als ein Geschenk. Glauben und nichts leisten müssen!

Diese Gnade kommt zu kleinen Gruppen, die überall auf dem Globus verteilt sind. Regierende Gemeinschaften entstehen in diesem Augenblick in Wohnzimmern, in IHOPs (Gebetshäusern), in geistgeleiteten Gemeinden, im Büro, an geheimen Orten.

Ich sah in einem Traum, wie eine Hausfrau persönlich vom Himmel gecoacht wurde. Während sie putzte, wurden ihr die Geheimnisse des Königreichs beigebracht. Das geschah mehrere Jahre lang im Geheimen, bis sie zum Lehren beauftragt wurde. Eines Tages trat sie hervor und begann zu sprechen. Man konnte sie mit nichts mehr stoppen. Sie war ein neues Orakel.

Denn es ist nichts Verborgenes, das nicht offenbar gemacht werden soll, auch ist nichts Geheimes, das nicht ans Licht kommen soll (Mk 4,22 ELB).

Regierungen werden zu Menschen wie dieser Frau gehen, sie zu Meetings einladen und Gebet und prophetischen Dienst von ihnen empfangen. Sie werden unverzichtbar dabei sein, die Probleme dieser Zeit zu lösen. Man wird sie nicht kaufen können und sie werden sich auch nicht von Menschen beeinflussen lassen. Sie werden nur vom Himmel bewegt werden, im vollbrachten Werk ruhend in Christus sitzen und gegründet sein. Sie werden Dienste des „lebendigen Wortes" sein.

Ich entschied mich, über dieses Thema zu sprechen, in dem festen Glauben, dass du jemand bist, der dazu auserwählt ist, die Geheimnisse zu kennen. Du bist in eine Zeit geboren worden, wo Weisheit wie Regen ausgegossen werden wird. Du wirst dich über deine kühnsten Vorstellungen hinaus ausdehnen, genauso wie Salomo.

Gott gab (*dein Name) – das tiefste Verständnis und das größtmögliche Herz. Es gab nichts, das (*dein Name) überforderte, nichts, das (*dein Name) nicht lösen konnte (1Kön 5,9 MSG).

Sprich es aus. Sieh es. Hungere danach. Träume davon. Sieh es. Glaube es!

Erkunde dein Erbe mit kindlichem, unschuldigen „KAINOS"-Glauben.

Wenn ihr in mir lebt (mit mir ganz grundlegend verbunden bleibt) und meine Worte in euch bleiben *und* ihr weiterhin aus eurem Herzen lebt, dann werdet ihr erbitten, was ihr wollt, und es wird für euch getan werden (Joh 15,7 AMP).

Einssein führt dazu, dass die Worte in dir bleiben und in dir leben.

Die neuen Orakel kommen … vielleicht eher, als wir denken!

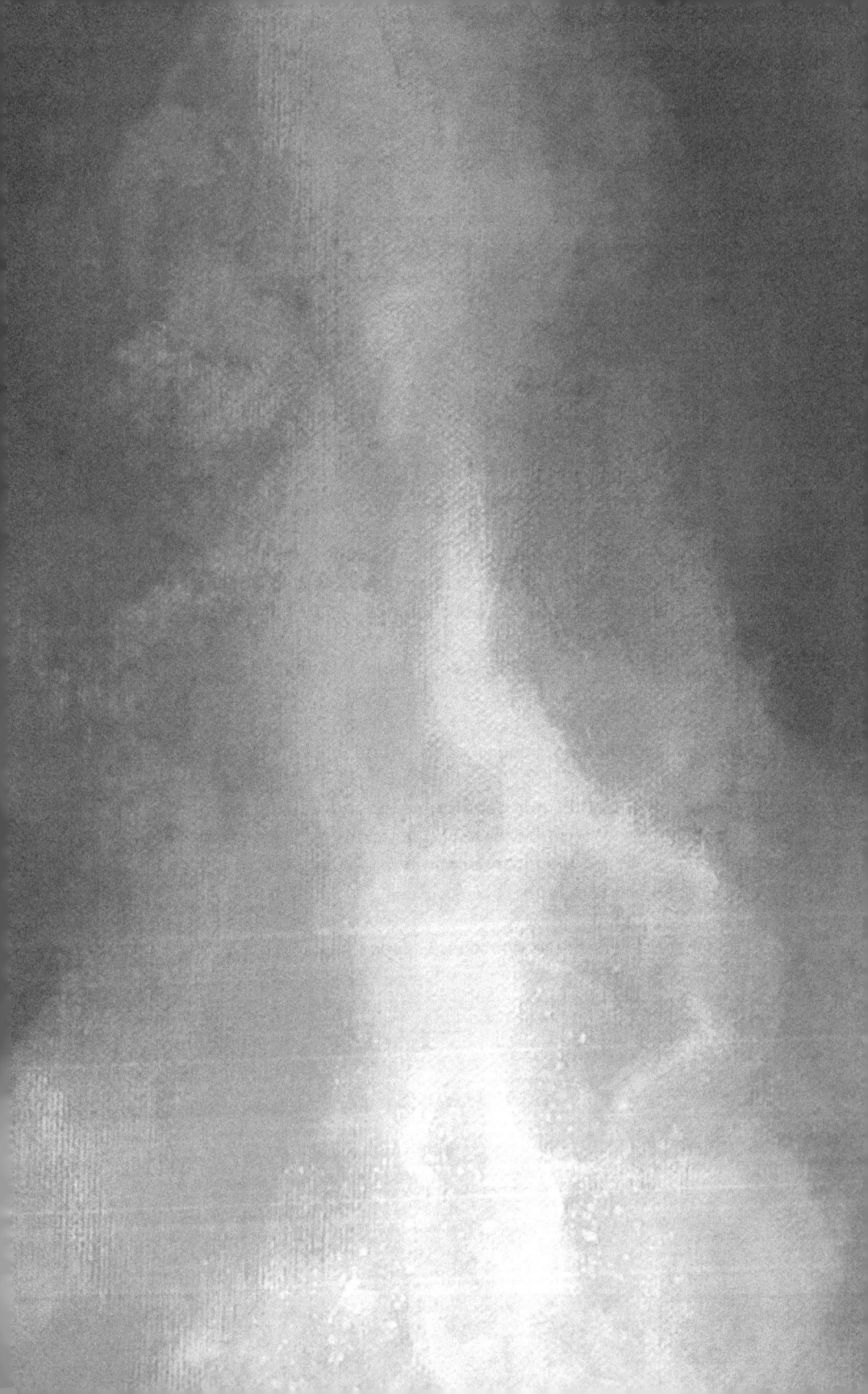

ÜBERNATÜRLICHE VERSETZUNG

Ich glaube, dass Versetzungen dramatisch zunehmen werden.
John Paul Jackson[1]

2014 begann ich, einen kleinen Einblick in ein Geheimnis zu bekommen. Die Söhne sind dazu geschaffen, die Dinge im Geist zu tun, die auf der Erde von natürlicher Technik ermöglicht werden. Diese Technologie offenbart im Grunde unsichtbare Prinzipien. Es ist eine Manifestation der Güte des Herrn.

In der natürlichen Welt sehen wir einen erstaunlichen Wandel, was die Technologie für Weltreisen anbetrifft. Als ich ein Kind war, sagte mir mein Vater, dass Fliegen Luxus sei. Der Durchschnittsbürger reiste selten ins Ausland. Wenn man noch eine weitere Generation zurückgeht, waren selbst Autos Luxusgüter und davor reisten die Menschen mit Pferd und Kutsche.

Eine der „KAINOS"-Technologien, die sich entwickelt, ist ebenfalls mit Beförderung verbunden. Es ist die übernatürliche Fähigkeit, sich von einem Ort zum anderen zu teleportieren. Mir wurde gezeigt, dass einige radikale Menschen im Geist LEBEN UND sich auch im Geist BEWEGEN werden:

Denn in ihm leben wir und bewegen uns und sind wir (Apg 17,28a ELB).

Vielleicht sah Daniel dies kommen. Er schaute in die Zukunft und sagte:

Viele werden überall hinreisen (Dan 12,4 GW).

Tatsächlich glaube ich, dass dies essenziell werden wird, da die

Nationen ihre Grenzen stärker bewachen und wir auf eine stark überwachte elektronische Welt zusteuern. Die „KAINOS"-Schöpfung überwindet temporäre geografische Grenzen. Die Erde gehört dem Herrn mit allem, was auf ihr ist.

Wiederum schauen wir liebevoll auf die Blaupause, um uns daran zu erinnern, wer wir sind und was wir tun. Mit einem „fleischernen" Körper, der essen und berührt werden konnte, erschien Jesus plötzlich einfach so im Raum.

Während sie aber dies redeten, stand er selbst in ihrer Mitte und spricht zu ihnen: Friede euch! Sie aber erschraken und wurden von Furcht erfüllt und meinten, sie sähen einen Geist. Und er sprach zu ihnen: Was seid ihr bestürzt, und warum steigen Gedanken auf in euren Herzen? Seht meine Hände und meine Füße, dass ich es selbst bin; betastet mich und seht! Denn ein Geist hat nicht Fleisch und Bein, wie ihr seht, dass ich habe (Lk 24, 36-39 ELB).

Das ist solch eine gewaltige Geschichte. Ich wünschte, ich wäre da gewesen. Ich liebe sie.

Das war nicht die einzige Teleportation bei Jesus. Ein anderes Mal versetzte Jesus in einem Augenblick die Jünger samt ihrem Fischerboot zur anderen Seite des Sees. Das geschah, nachdem er auf dem Wasser gewandelt war:

Er aber spricht zu ihnen: Ich bin es, fürchtet euch nicht! Sie wollten ihn nun in das Boot nehmen, und SOGLEICH war das Boot am Land, wohin sie fuhren (Joh 6,21 ELB).

Ich mag es, wie die New Living Translation das ausdrückt:

Sofort kamen sie an ihrem Zielort an! (Joh 6,21 NLT).

Stell dir vor, dir passiert das. Du steigst ins Auto, um zu fahren, und bist direkt da! Dein Navi sagt, „Sie haben Ihr Ziel erreicht!" Ha! Das möchte ich. Es wäre toll, direkt da zu sein.

Nachdem Jesus die Erde verlassen hatte, bewegte sich die Urgemeinde weiterhin in diesen Wundern von Teleportation (übernatürlicher Versetzung). Philippus überflog 40 Meilen in einem

Wimpernschlag:

Und sie stiegen beide in das Wasser hinab, sowohl Philippus als auch der Kämmerer, und er taufte ihn. Als sie aber aus dem Wasser heraufstiegen, entrückte der Geist des Herrn den Philippus, und der Kämmerer sah ihn nicht mehr, denn er zog seinen Weg mit Freuden. Philippus aber fand man zu Aschdod; und er zog hindurch und verkündigte das Evangelium allen Städten, bis er nach Cäsarea kam (Apg 8,38-40 ELB).

Diese Fähigkeit war selbst im Alten Testament für einige normal. Elia wurde öfters durch den Geist in Israel umherbewegt. So sehr, dass man ihn bat, für einen Moment stehenzubleiben (s. 1Kön 18,12). Elia musste versprechen, nicht zu verschwinden. Na, wenn das nichts ist!

Darauf bewegen wir uns alle zu. „KAINOS"-Leben bedeutet, sich im Geist und in der Kraft Elias zu bewegen!

Einer meiner Helden ist der heimgegangene John Paul Jackson. Er ehrte mich und das werde ich nie vergessen. John Paul hatte viele ungewöhnliche Erlebnisse. In der folgenden Geschichte berichtet John Paul, wie ein Mann von Mexiko in sein Hotelzimmer in die Schweiz versetzt wurde.

Ich war in Genf in der Schweiz. Ich war 21 Tage unterwegs gewesen und fühlte mich nicht sehr gut. Im Grunde war ich echt krank ... das war gar nicht lustig. Ich verließ den Flughafen in Los Angeles und dachte, es würde mir bald wieder besser gehen ... 21 Tage später ging es mir immer schlechter.

Es war 2:30 morgens. Ich erwache mit großen Schmerzen und tue mein Bestes, um nicht vom Schmerz übermannt zu werden. Ich schaue auf die Uhr und sie zeigt 2:30 an. Ich schaue zu meiner Rechten und da steht dieser Mann neben mir. Ich bin kränker, als ich dachte. Ich nehme an, ich halluziniere. Da ist niemand. Es ist wahrscheinlich eine Halluzination.

Ich sagte: „Herr, wenn du das bist, dann möchte ich, dass du ihn dazu bringst, mich zu berühren und für mich zu beten... Ich möchte, dass er seine Hand auf meine Hand legt. Ich möchte nicht das geistliche Zeugs, wo es direkt durch mich hindurchfließt. Ich

möchte das Gewicht seiner Hand spüren und ich möchte geheilt werden."

Er war wahrscheinlich so Ende 70 oder Anfang 80, wirklich zerknittert. Er sah spanisch/mexikanisch aus. Er sagte: „Ich bin gekommen, um für dich zu beten, damit du gesund wirst." Er legte mir seine Hände auf und betete für mich. Es fühlte sich an, als wäre eine Schriftrolle in mich hineingegangen. Es fühlte sich an wie dicker Honig und während dieser sich über mich ausbreitete, gingen die Schmerzen völlig weg. Er breitete sich über meinem Kopf aus und hinunter zu meinen Füßen und ich war sofort geheilt. Ich schaute ihn an und er lächelte mich an und verschwand direkt vor meinen Augen.

Ich war geheilt! Ich war sehr, sehr glücklich und stand auf und pries den Herrn. Ich dankte Gott, dass er mir einen seiner Engel gesandt hatte ... Er sagte: „Das war einer meiner Diener aus Mexiko, der in einem kleinen Dorf lebt und mich gefragt hat, ob ich ihn irgendwie gebrauchen könne. Und so habe ich ihn genommen und dann wieder zurückgebracht."

Während John Paul diese Geschichte erzählte, lachte er und sagte:

Wie fändest du es, wenn du dieser Kerl wärst?! Ich weiß, dass das geschehen wird![2]

Ich möchte das. Ich denke, dass wir für Abenteuer bereit sind. Das ist in unserer DNA!

Mein guter Freund Matthew Nagy (Glory Company) hat es schon häufiger erlebt, dass er morgens auf dem Weg ins Büro einen Treppenabschnitt hinauf versetzt wurde. Das hat Matthew immer total überrascht. Er war einfach dabei, Jesu Lieblichkeit zu genießen, und dann ging's plötzlich hinauf! Klingt gut!

Ich mag Abkürzungen! Meine Freunde John und Ruth Filler kamen, um mich in Oregon in den USA sprechen zu hören. Sie brauchten drei Stunden hin zur Versammlung. Der Rückweg dauerte nur eine halbe Stunde, obwohl sie mit normaler Geschwindigkeit fuhren. Ist das nicht erstaunlich? Ich nenne diese merkwürdigen Phänomene „ergiebige Zeit" (s. Eph 5,16).

Viele Leute schicken uns Emails und SMS mit sehr ähnlichen Geschichten. Diese „KAINOS"- Fähigkeit, Zeit und Realität zu formen, nimmt zu. Merkwürdigerweise gibt es sogar manche, die erst verspätet von zu Hause loskamen und dennoch die Treffen verfrüht erreichten. Das ist verrückt! Echt schräg! Es macht so viel Spaß!

Einmal war ich ein paar Tage mit Ian Clayton und einigen Freunden im Urlaub im schönen Neuseeland. Wir hatten gerade die berühmten vulkanischen Seen besucht. Ian fuhr uns auf kurvenreichen Landstraßen. Wir waren auf der Spitze eines Berges und schauten hinab ins Tal. Mit einem Mal waren wir ganz unten auf der Fahrbahn. Wir lachten darüber! Ich hätte es mehr genießen können, wenn ich nicht Schiss wegen Ians Fahrstil gehabt hätte. Es war verrückt (diese Begebenheit ist wahr)!

Die Geschichte zeigt uns, dass Gott willig ist, seinen Freunden auf der Reise eine helfende Hand zu reichen. Er belohnt Freundschaft. Einer der frühkirchlichen Berichte stammt von St. Ammon. Dieser Heilige reiste mit seinem Jünger Theodore:

Als sie einen Strom, den sie überqueren wollten, erreicht hatten, sahen sie, dass das Wasser angestiegen war und die Ufer überströmt hatte. Ihnen wurde klar, dass sie schwimmen statt gehen mussten. Die beiden trennten sich, um sich auszuziehen, und während St. Ammon, der zu schüchtern war, um nackt hinüber zu schwimmen, noch überlegte, was er tun sollte, wurde er plötzlich auf die andere Seite versetzt. Als Theodor an Land kam und sah, dass St. Ammon den Strom überquert hatte, ohne nass zu werden, drängte er den Heiligen nach einer Erklärung und war dabei so hartnäckig, dass der Heilige schließlich das Wunder zugab.[3]

Ich denke, der abenteuerlustige britische Dokumentarfilmer Bear Grylls hätte gerne einmal so ein Wunder erlebt!

Es scheint, dass Verlangen eine ungemein wichtige Rolle dabei spielt, den Boden für geistliche Möglichkeiten vorzubereiten. Erwartung produziert Glauben. Glaube produziert Beweise des Unsichtbaren. Glaube formt die Realität.

In dieser nächsten Geschichte wollte St. Dominic die ganze Nacht im Gebet in der Kirche verbringen, aber sie war leider abends verschlossen worden.

(St. Dominic) reiste eines Abends in Begleitung eines Zisterzienser-Mönchs, als sie sich einer Kirche aus der Nachbarschaft näherten. Wie es die Gewohnheit des Heiligen war, wollte er die Nacht im Gebet vor dem Altar verbringen, aber enttäuscht stellte er fest, dass die Kirche zur Nacht fest verschlossen worden war. Beide entschieden, die Nacht im Gebet auf den Kirchenstufen zu verbringen, als sie plötzlich, „ohne sagen zu können wie, sich vor dem Hochaltar in der Kirche befanden und dort bis zum Morgengrauen blieben."[4]

Das ist die Macht des Verlangens. Sie zieht Gunst vom Vater an. Beachte auch, dass sie zudem die Fähigkeit besaßen, nicht schlafen zu müssen, eine häufige Frucht der mystischen Einheit. Es ist Leben in Einheit.

Ich hatte kürzlich das Vergnügen zuzuhören, wie Paul Keith Davis Geschichten über den Propheten Bob Jones erzählte, der einer meiner persönlichen Helden ist. Ich wünschte, ich hätte ihn auf der Erde kennengelernt.

Paul Keith berichtete darüber, wie sie in Moravian Falls in den USA waren. Sie beteten dort dafür, dass das Land an die Gemeinde verkauft werden würde. Im Morgengrauen schüttelte ein Engel Bob wach. Er sagte ihm, er solle sich anziehen und mit ihm kommen. Der Engel versetzte Bob auf die Spitze des Hügels, um ein dämonisches Wesen zu konfrontieren, welches den Verkauf blockierte. Bob erledigte das. Es ist eine wilde Story.

Paul Keith wachte früh auf und war erstaunt, Bob ganz ohne Hilfe langsam den Hügel wieder herunterkommen zu sehen. Bob wartete damals auf eine Knieoperation und Paul Keith wunderte sich darüber, dass er den Hügel hinablief. Bob erzählte ihm, was geschehen war.

Nachdem er die ganze Engel-Story gehört hatte, drängte Paul Keith Bob, ihn aufzuwecken, falls ihm nochmals so etwas mit einem Engel geschähe. Paul Keith lachte, während er uns die Geschichte erzählte, aber ich denke, er war enttäuscht, dass ihm dieser Spaß entgangen war!

Pere Lamy war ein weiterer älterer Mann (wie Bob), der versetzt wurde, um seine armen Knie zu schonen. Er war katholischer Priester einer Pfarrgemeinde und wirkte viele Wunder. Er wandelte eng mit den Engeln und erlebte oft Hilfe von ihnen:

Ich wurde oft von den heiligen Engeln aufrechterhalten, als ich sehr erschöpft war, und wurde von einem Ort zum nächsten gebracht, ohne etwas davon zu wissen. Ich sagte oft: „Mein Gott, ich bin so müde." Ich war irgendwo in meinem Pfarrbezirk, weit weg, oftmals in der Nacht, und fand mich dann plötzlich am Place St. Lucian wieder. Wie das geschah, weiß ich nicht.[5]

Ich liebe das. Der Himmel kümmert sich!

Ian Clayton ist ein Vorreiter in dieser geistlichen Technologie. Ian hat regelmäßig Teleportierungserlebnisse: Er erscheint in einer Gefängniszelle, um einen Christen zu heilen, wird nach China versetzt, um über die Bereiche des Königreichs zu lehren, rettet eine Familie im Mittleren Osten vor einem Bombenanschlag. Merkwürdigerweise wurde er einige Male dabei verletzt und hat die Narben, um das zu beweisen.[6]

In derselben Weise, wie wir gelernt haben, „die Gabe in uns anzufachen", z.B. in Bezug auf Prophetie und Zungenrede, werden wir auch erlernen, wie man Teleportierung, Bilokation, Dimensionswechsel und Wunderwirkungen „anfacht". Es ist die natürliche Weiterentwicklung zur vollen Reife als Geistwesen.

So wie bei natürlicher Technologie wird das, was einst in der Vergangenheit magisch erschien, mit der Zeit ganz normal werden. Die Technologiewelle steigt rasant. Mach dich bereit für eine dementsprechende geistliche Welle!

Habe Glauben für wundersame Versetzungen!

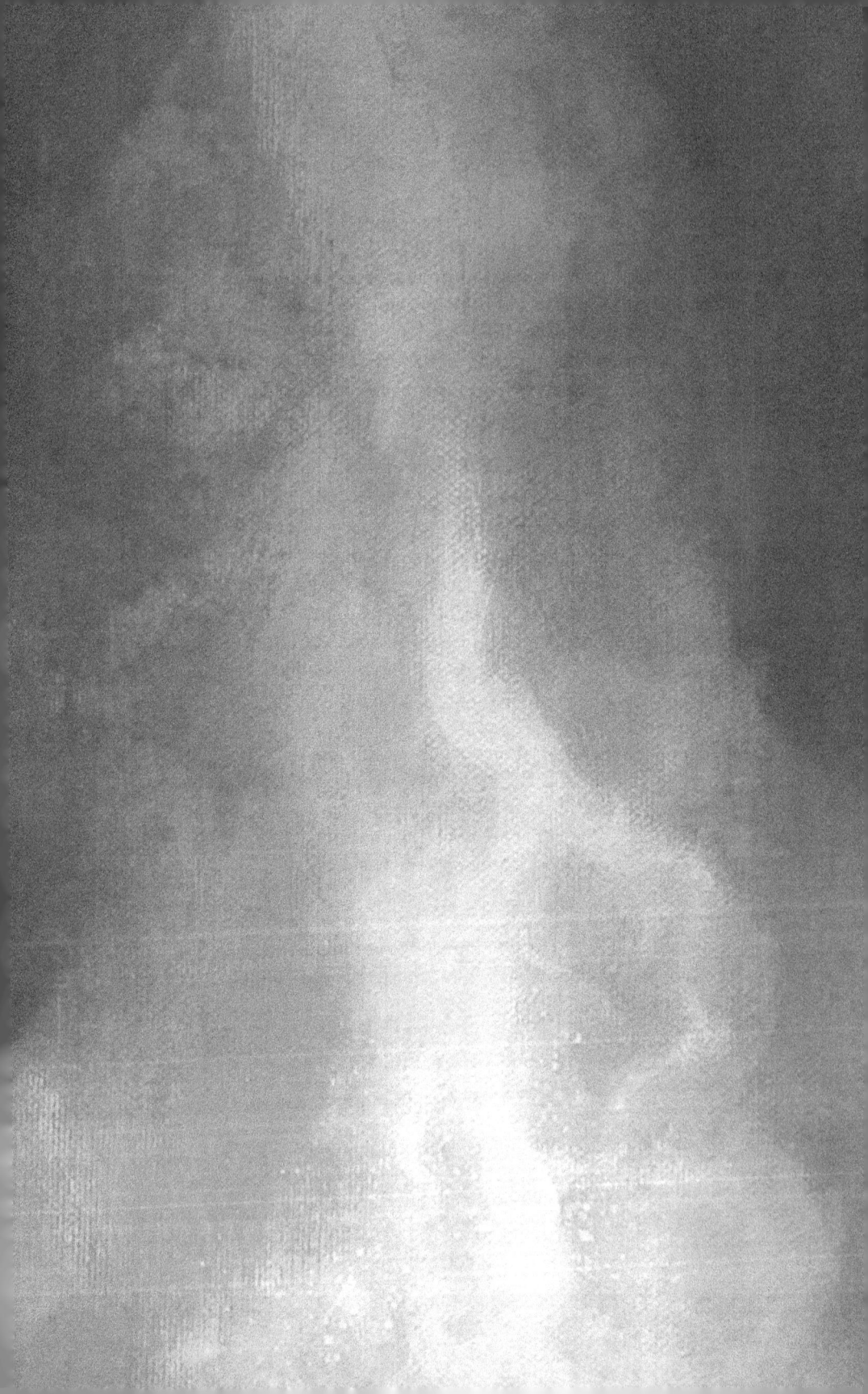

METAMORPHOSE

Während sie zusahen, begann sich sein (Jesu) Äußeres zu verändern (Mt 17,2 CJB).

Kürzlich beantragte ich einen neuen Pass. Ich hatte neue, aktuelle Fotos dafür machen lassen. Ich konnte kaum glauben, wie sehr sich mein Gesicht innerhalb von zehn Jahren verändert hat. Das ist verrückt.

Wenn du älter wirst, wird dir bewusst, dass dein äußerer Körper nicht wiedergibt, wer du wirklich bist. Der Körper ist ein wunderbares Geschenk und dient einem machtvollen Zweck auf der Erde. Er erlaubt es uns, in der sichtbaren Welt zu funktionieren, aber er kann letztlich nicht unser tiefstes Inneres beschreiben.

In diesem Kapitel möchte ich über ein ungewöhnliches Thema sprechen, das mit dem Körper zu tun hat. Ich dachte darüber nach, es nicht in dieses Buch aufzunehmen, da es ein bisschen schräg ist. Aber ich spürte vor dem Herrn, dass es doch richtig war, und ich hoffe, ich habe die richtige Entscheidung getroffen. Vielleicht wird es jemandem, der dieses Buch liest, helfen, einige seiner eigenen Erlebnisse zu verstehen. Gott kümmert sich um den Einzelnen. Das mag für dich bestimmt sein.

Ich möchte darüber reden, übernatürlich sein Äußeres zu verändern. Bibellehrer nennen das „Metamorphose" oder „Verklärung". Es bedeutet einfach:

eine vollständige Veränderung der physischen Form oder des Aussehens (dictionary.com).

Es scheint, dass im „KAINOS"-Leben physische Verwandlung sehr gut möglich ist. Die meisten kennen die Geschichte von der Verklärung auf dem Berg. Es war ein außergewöhnlicher Moment, in dem Jesus seinen engsten Freunden zeigte, wer er wirklich war in seiner göttlichen Natur. Er veränderte plötzlich sein Erscheinungsbild.

Sein Aussehen veränderte sich dramatisch in ihrer Gegenwart (Mt 17,2 AMP).

Sonnenschein überflutete sein Gesicht und seine Kleider wurden so hell weiß wie das Licht. Ich glaube, dass sie in jenem Moment einen Blick von der Zukunft unserer Spezies erhaschen konnten.

Das war nicht das einzige Mal, wo Jesus sein äußeres Erscheinungsbild änderte. Dies wird selten im Leben der Gemeinde diskutiert, aber es ist auf alle Fälle wichtig genug, um in der Schrift Erwähnung zu finden. Denke einfach mal über die folgenden merkwürdigen Verse in den Evangelien nach:

Aber ihre Augen wurden gehalten, so dass sie ihn nicht erkannten (Lk 24,16 ELB).
Sie, in der Meinung, es sei der Gärtner, spricht zu ihm (Joh 20,15 ELB).
…doch wussten die Jünger nicht, dass es Jesus war (Joh 21,4 ELB).
Keiner aber von den Jüngern wagte ihn zu fragen: Wer bist du? (Joh 21,12 ELB).

Für mich ist es ein Mysterium, warum Jesus in den Evangelien sein Aussehen änderte. Ich nehme an, dass jedes Mal eine andere Eigenschaft seiner göttlichen Natur gezeigt wurde. Vielleicht lehrte es seine Freunde, ihn durch den Geist zu betrachten und nicht nach dem Fleisch. Ihn durch Kardiognose zu erkennen, da so der Himmel funktioniert.

In der Kirchengeschichte sehen wir, dass Jesus den Heiligen oft in Verkleidung erschien. Der berühmte Klosterpionier St. Martin von Tours[1] teilte einmal in eisiger Kälte seinen letzten Mantel mit einem obdachlosen Bettler. Martin hatte später eine Vision von Jesus, wie er den Mantel im Himmel trug und sich mit den Heiligen und Engeln freute. Jesus war ihm in einer anderen Form, in Form eines demütigen Bettlers erschienen. Erstaunlich!

Einer meiner Freundinnen, Lorna aus Schottland, widerfuhr eine ähnliche Ehre. Sie traf Jesus an ihrem 50. Geburtstag in einem Café im Supermarkt. Jesus sah wie ein normaler Mann aus. Er begann eine Unterhaltung mit Lorna und sie aßen gemeinsam Fisch. Sie unterhielten sich eine Weile und seine Worte waren absolut fesselnd. Erst nach dem Mittagessen wurde Lorna klar, dass es wirklich Jesus gewesen war. Er war vor ihr zu dieser Zeit verborgen gewesen. Was für ein super Geburtstagsgeschenk! Gott hat einen ganz besonderen Sinn für Humor! Würdest du nicht auch gerne Jesus sehen? Ich denke, das kannst du (Joh 17,24).

Zu anderen Zeiten lesen wir in der Schrift von sogar noch erstaunlicheren, mystischen Arten von Verwandlung, die mit Jesus geschahen. Hier sah ihn Johannes mit weißem Haar und Feueraugen:

Und ich wandte mich um, die Stimme zu sehen, die mit mir redete, und als ich mich umwandte, sah ich sieben goldene Leuchter, und inmitten der Leuchter einen, gleich einem Menschensohn, bekleidet mit einem bis zu den Füßen reichenden Gewand, und an der Brust umgürtet mit einem goldenen Gürtel, sein Haupt aber und die Haare waren weiß wie weiße Wolle, wie Schnee, und seine Augen wie eine Feuerflamme (Offb 1,12-14 ELB).

Und als wäre das noch nicht verrückt genug, sieht Johannes, der Geliebte, später Jesus in Form eines Lammes mit sieben Hörnern und sieben Augen. Echt bizarr und furchterregend.

Und ich sah inmitten des Thrones und der vier lebendigen Wesen und inmitten der Ältesten ein Lamm stehen wie geschlachtet, das sieben Hörner und sieben Augen hatte; dies sind die sieben Geister Gottes, ausgesandt über die ganze Erde (Offb 5,6 ELB).

Wenn wir ihn anschauen, werden wir wie er. Ist es möglich, vorübergehend so tief mit dem Herrn in Beziehung zu treten, dass du kurz sein Erscheinungsbild annimmst? Das ist schwer vorstellbar, aber laut der Bibel absolut möglich.

Jetzt reflektieren alle von uns mit unverhülltem Gesicht die Herrlichkeit des Herrn, so als wären wir Spiegel; und auf diese Weise werden wir transformiert und erleben eine Metamorphose in eben genau sein Abbild von einem Herrlichkeitsstrahlen zum

nächsten, genauso, wie der Geist des Herrn es bewirkt (2Kor 3,18 VOI).

Vielleicht ist es das, was Moses erlebte, als er den Herrn von Angesicht zu Angesicht sah. Wir lesen in einigen älteren Übersetzungen, dass sein Gesicht nicht einfach nur schien, sondern dass es so etwas wie Hörner hatte.

Und als Mose vom Berg Sinai herabkam, hielt er die zwei Tafeln des Zeugnisses und wusste, dass sein Gesicht Hörner von der Konversation mit dem Herrn hatte (2Mose 34,29 DRB).

Das kommt vom Wort „qaran", was so viel wie „Strahlen aussenden oder Hörner zeigen oder Hörner wachsen lassen, gehörnt sein" bedeutet. Einige alte Gemälde zeigen Mose sogar mit diesen ungewöhnlichen Hörnern.

Ich bin in all diesen Dingen nicht dogmatisch. Es ist einfach interessant und regt deine Fantasie an, was möglich sein könnte. Die Bibel ist viel verrückter, als wir denken. Bill Johnson lacht, wenn Pastoren sagen: „Ich möchte nur das, was in der Bibel ist." Er fragt sie dann: „Bist du wirklich sicher!?" Die Bibel ist nämlich ziemlich verrückt!

Wenn man das Leben der Heiligen betrachtet, dann gibt es hunderte von Metamorphose-Geschichten und oftmals bezog sich das auf ihre Gesichter, die leuchteten oder engelsgleich aussahen. In der folgenden Geschichte verwandelte sich der katholische Heilige Bernardino Realino in einer Ekstase:

Ein außergewöhnliches Leuchten veränderte sein Antlitz. Einige beschrieben, sie hätten Funken wie Feuerfunken von überall aus seinem Körper hervorkommen sehen, während andere sagten, dass das Leuchten, das von seinem Antlitz kam, sie mehr als einmal blendete, sodass sie nicht länger seine Umrisse erkennen konnten und ihren Blick aus Angst davor, ihre Augen zu sehr zu strapazieren, abwenden mussten.[2]

Manchmal findet man auch eine Metamorphose-Story, die unser Schubladendenken noch stärker herausfordert. Die folgende ist eine meiner Lieblingsgeschichten. Sie stammt aus dem Leben von Patrick in Irland. Sie ist inspirierend!

Man berichtet, dass St. Patrick und seine Männer auf der Reise zum Hof des Königs waren, als er entdeckte, dass die Druiden (keltische Priester) einen Hinterhalt für ihn gelegt hatten. Während sie wanderten, sangen der Heilige und seine Nachfolger das heilige Lorica, auch „Hirschruf" genannt, das später als das Brustpanzergebet des Heiligen Patrick bekannt wurde und wahrscheinlich – man ist sich nicht ganz sicher – ebenfalls aus der Feder des Heiligen stammt. Der Legende nach sahen die Druiden nicht, wie der Heilige und seine Nachfolger vorbeigingen, sondern alles, was sie sahen, war eine zarte Hirschkuh gefolgt von zwanzig Rehkitzen.[3]

Auch ich persönlich habe beobachten können, wie sich das Aussehen einer Person veränderte. Nicht so dramatisch wie bei Patrick, aber ich sah einmal, wie sich ein junger Prophet vor meinen Augen veränderte. Ich sah, wie sein Gesicht anders wurde. Es sah aus wie das physische Gesicht von Jesus. Seine Haare wuchsen und wurden länger und die Form seiner Nase und seiner Augen veränderte sich ebenfalls. Er bekam sogar einen kurzen Bart. Es war erstaunlich!

Bevor ich wirklich begreifen konnte, was geschah, kam sein ursprüngliches Gesicht wieder zum Vorschein. Die Umrisse von Jesus waren augenblicklich verschwunden. Ich war so verwundert, dass ich es damals niemandem erzählte, noch nicht einmal dem jungen Propheten. Es verblüffte mich. Ein echtes Wunder!

Seither habe ich öfters ähnliche Phänomene erlebt. Es ist sogar auch mir selbst passiert. Einmal, als ich in Wales lehrte, veränderte sich zum Erstaunen einiger Besucher mein Gesicht während einer Session. Sie sagten, ich hätte wie eine andere Person ausgesehen. Meine Mutter sah es ebenfalls und sagte, ich hätte völlig anders ausgesehen. Es fiel ihr schwer, das genauer zu beschreiben, aber sie wusste, es war der Herr. Mir war nicht bewusst, dass dies geschah. Ich war total in Gott vertieft.

Vielleicht ist das auch, was mit Stephanus in der Apostelgeschichte passierte.

Jeder aus dem *Sanhedrin* starrte Stephanus an und sah, dass sein Gesicht wie das eines Engels aussah (Apg 6,15 CJB).

Irgendwie sah Stephanus' Gesicht anders aus. Einige Übersetzungen sagen, sie „schauten ihn intensiv an" (AMPC), ergriffen von seiner Erscheinung. Es ist eine ungewöhnliche Schriftstelle.

So wie bei allen guten Dingen gibt es auch hier Fälschungen von Satan. Er liebt es, Phänomene von der geistlichen Welt zu stehlen, sie zu verdrehen und für seine eigenen Zwecke zu missbrauchen. Mein guter Freund im Dienst, Grant Mahoney, erlebte aus erster Hand, wie sich ein Hexendoktor verwandelte. Diese Geschichte wurde in einem unserer Podcasts mit Namen „Sonship" aufgezeichnet (online gratis erhältlich):

Wir waren auf einer Missionsreise und hörten außerhalb des Zelts Gelächter. Ich öffnete das Zelt und sah draußen eine Hyäne. Ich machte mir beinahe in die Hose! Wir waren zu viert oder zu fünft im Zelt und wir alle sahen die Hyäne. Wir wiesen sie zurecht und während wir alle sie rügten, sahen wir, wie sie sich in einen Hexendoktor verwandelte und wegrannte. Diese Dinge sind wirklich real![4]

Sie mögen in der Lage sein, einige geistliche Wunder zu vollbringen, wie auch die ägyptischen Zauberer (s. 2 Mose 7,8-11), aber es kommt eine Zeit, wo die Söhne ihre Fähigkeiten in jeder Hinsicht übertreffen werden. Sie werden gezwungen sein, zuzugeben:

Das ist der [übernatürliche] Finger Gottes (2Mose 8,19 AMP).

Vorreiter Grant Mahoney hat bereits damit begonnen. Bevor du die folgende Geschichte liest, möchte ich, dass du weißt, dass Grant ein Mann von Integrität ist, der ganz intim mit dem Vater wandelt. Es geht ihm nur um Jesus. Er ist eine Person, der ich vertraue. Ich glaube diesem Bericht.

Wir werden Dinge tun, die den Verstand von Leuten völlig zum Durchdrehen bringen werden... in meinem eigenen Leben ist mir das sechs Mal passiert. Immer in dem Zusammenhang, dass Frauen kurz davor waren, vergewaltigt zu werden. Ich war an Ort und Stelle (im Geist) und verwandelte mich in einen Bären und erledigte die Vergewaltiger. Und es geschah zwei weitere Male, wo ich mich in einer Situation befand, in der mein eigenes Leben in Gefahr war. Ich verwandelte mich wieder in einen Bären und

die Bedrohung wich. Kann ich das irgendwie einordnen? Nein. Es geschah einfach. Ich habe dafür keine Erklärung.

Erstaunlich! Das ist Gerechtigkeit. Rettung. Befreiung. Klingt für mich nach Himmel!

Grant ist nicht der Einzige, der diese Erlebnisse hatte, wo sich das Aussehen total veränderte. Auf meinen Reisen habe ich andere getroffen, die ähnliche Manifestationen erlebten. Sie haben darum gebeten, verborgen und unerkannt zu bleiben, und möchten auch nicht, dass ihre Geschichten erzählt werden. Ich respektiere das.

Mir ist klar, wie herausfordernd das alles ist. Die Bibel selbst bezeugt, dass neue Dinge kommen werden, „die kein Auge gesehen und kein Ohr gehört hat" (1Kor 2,9). Wir müssen uns der Taube anpassen, wenn sie die bekannten Pfade verlässt und in neues Territorium vordringt. Erinnere dich daran, dass „bei Gott ALLE DINGE möglich sind" (Mt 19,26).

Ich hatte prophetische Erfahrungen, in denen mir einige der zukünftigen Veränderungen gezeigt wurden. Ich habe gesehen, dass einige Missionare innerhalb eines Augenblickes in muslimische Nationen teleportiert wurden, dort den Menschenmengen als Person mit demselben ethnischen Aussehen erschienen und auch die Sprache der Einheimischen sprechen konnten. Es wird noch einmal überzeugende Beweise für die Auferstehung geben, die viele Söhne in die Herrlichkeit hineinbringen werden.

In einer Trance-Vision zeigte mir der Herr ein majestätisches Lichtwesen. Es hatte die Umrisse einer Person und funkelte vor farbiger Energie. Es sah aus wie lebendige Funken aus Bernstein, aber mit der Grazie von Musik. Bänder von Licht und Farbe. Als ich es sah, wusste ich, dass es nichts Vergleichbares gibt. Es war einzigartig. Ich war von Ehrfurcht ergriffen, während ich es betrachtete. Überwältigt.

Der Herr sagte: „Weißt du, was das ist?" Ich wusste es nicht. Er sagte: „Das ist die Schönheit des menschlichen Geistes." Er hielt inne, damit ich das irgendwie verarbeiten konnte. Dann äußerte er diesen so ungeheuer gewichtigen Satz: „Der menschliche Geist besitzt unbegrenzte Wachstumskapazitäten."

Die Konsequenzen dieser Aussage durchdrangen mein Herz. Durch eine Offenbarung sah ich, dass wir immer weiter wachsen werden, sogar über Engel und geschaffene Dinge hinaus. Dass wir die Kronjuwelen des Kosmos sind. Seine Braut. Mit nichts vergleichbar.

Ich bat den Herrn, mir dazu eine passende Schriftstelle zu geben. Obwohl das Erlebnis an sich sehr gewaltig war, möchte ich es auch im Wort wiederfinden können. Ich habe herausgefunden, dass Papa mir sehr gerne Schriftstellen gibt. Er sagte: „Das ist ganz einfach, 1 Johannes 3,2!", wo (mit anderen Worten) steht:

Aber nun sind wir Söhne Gottes... aber was wir sein werden – das wissen wir nicht!

Wow! Jetzt sind wir Söhne, aber was wir sein werden, dass wissen wir bisher nicht. Denk mal darüber nach. Keiner von uns weiß, was uns wirklich erwartet. Unsere Zukunft ist herrlich. Ich liebe das!

Lies es noch einmal in der Message-Bibel:

Aber Freunde, das ist genau, was wir sind: Kinder Gottes. Und das ist nur der Anfang. Wer weiß, wo wir enden werden! Was wir wissen, ist, dass wir Christus sehen werden, wenn er öffentlich offenbart werden wird – und beim Anschauen wie er werden. Alle unter uns, die sich auf sein Kommen freuen, sollten immer bereit sein und die strahlende Reinheit von Jesu Leben als Vorbild für ihr eigenes nehmen.

Alles, was wir wissen, ist, dass unser gegenwärtiger Körper nur ein Same ist. Der Baum wird viel gewaltiger sein:

Und es gibt himmlische Leiber und irdische Leiber. Aber anders ist der Glanz der himmlischen, anders der der irdischen; ein anderer der Glanz der Sonne und ein anderer der Glanz des Mondes und ein anderer der Glanz der Sterne, denn es unterscheidet sich Stern von Stern an Glanz.

Der erste Mensch ist von der Erde, aus Staub geformt, irdisch; der zweite Mensch vom Himmel. Wie der Irdische, so sind auch die Irdischen; und wie der Himmlische, so sind auch die Himmlischen. Und wie wir das Bild des Irdischen getragen haben, so werden wir

auch das Bild des Himmlischen tragen (1Kor 15,40-49 ELB).

Das ist echt viel zu viel. Kann man kaum verkraften. Kein Wunder, dass wir in einen Freudentaumel geraten! Das Evangelium wird einfach immer gewaltiger, je mehr du davon trinkst!

Wir haben unseren Stand, unsere vollständige Identität in der neuen Schöpfung, die durch Erkenntnis erneuert wird gemäß dem EXAKTEN EBENBILD unseres Schöpfers (Kol 3,10 MIR).

Unser Körper kann uns nicht länger definieren.

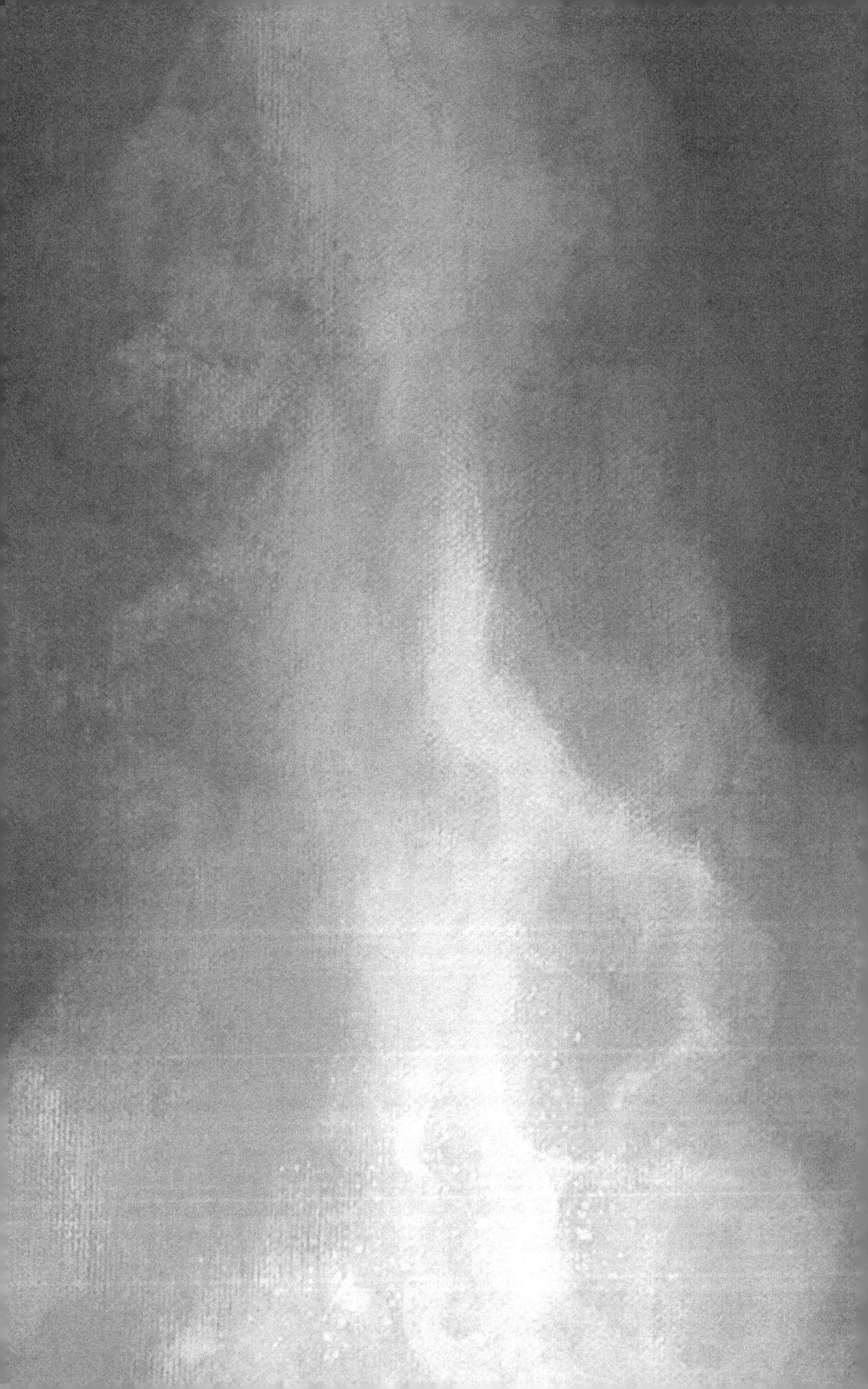

(Julian von Norwich)[1]

Laut Gottes Plan wird jede menschliche Begrenzung, die wir noch in unserer Vorstellung haben, von neuen geistlichen Pionieren durchbrochen werden. So wie zuvor bei der industriellen Revolution, befinden wir uns nun in einer geistlichen Technologierevolution, die schlussendlich die Erde in ein glorreiches Zeitalter von Frieden und Fortschritt voranbringen wird.

Eine Begrenzung, die durchbrochen werden muss, ist die, dass unser physischer Körper auf der sichtbaren Ebene gefangen ist. Bis jetzt ist es für uns normal, dass unser Körper hierbleibt, während sich unser Geist an himmlischen Orten oder auf der Erde bewegt. Das wird sich ändern.

Ursprünglich wurden wir als multidimensionale Wesen geschaffen. So wie ‚Jakobs Leiter' sind wir Portale und Türen (Plural) in verschiedene Ebenen von dimensionaler Existenz hinein.

Ihr mächtigen Tore: Erhebt eure Häupter! Ihr alten Portale, steht auf! (Ps 24,7 CEB).

Henoch ist das Hauptvorbild für unsere Zeit. Er war der Siebte nach Adam. Sieben ist die Zahl des Endes, der Erfüllung, der Ruhe, des Göttlichen. Henoch „beherbergte" seinen Körper im Geist. Er wurde jeweils für lange Zeitspannen in den Himmel mitgenommen. Schließlich verschwand er ganz aus dem sichtbaren Bereich. Er reiste im Glauben durch viele Dimensionen:

DURCH GLAUBEN wurde Henoch hinweggenommen (NKJV) ...

hinaufgenommen (AMP) ... versetzt (DAR) ... weggenommen (DLNT) ... versetzt (KJV) (Hebr 11,5).

Schließlich „übersprang" Henoch den Tod und lebt nun als einer der „ewig Lebendigen". Alt und doch so frisch wie ein Jugendlicher. Transformiert in Körper, Seele und Geist. Transzendent.

Er demonstriert uns Aspekte dessen, was es bedeutet, „übermenschlich" zu leben – unsterblich, immer jung, transdimensional und voll des Geistes. Henoch zeigt uns, dass es möglich ist, den Tod zu „transzendieren", ihn zu überspringen.

Bis jetzt ist die Gemeinde größtenteils eingeschränkt und durch diese niedrigere Dimension begrenzt gewesen. Im Sichtbaren gefangen. Unsere Körper sind ebenfalls immer noch begrenzt geblieben. Das wird sich ändern!

Lasst es uns ausprobieren. Wie weit können wir gehen?

Wenn wir wiederum die eine vollkommene Blaupause, Jesus Christus, anschauen, sehen wir einige höchstinteressante Dinge. Jesus wechselte die Dimensionen im Geist und im Körper. Er war in der Lage, seinen Körper aus der sichtbaren Welt heraus in die unsichtbare zu ziehen, wenn es nötig war.

In der folgenden Geschichte aus dem Johannes-Evangelium lesen wir von einer wütenden Menge von Religiösen, die Jesus umbringen wollten. Die Menge war so wütend, dass sie Steine aufhoben, um Jesus im Tempel zu töten. Da gab es kein Versteck! Keinen Zufluchtsort, wo er hätte hinrennen können! Jesus saß in der Falle. Umzingelt! Wie kam er da raus?

Sie hoben Steine auf, um sie auf ihn zu werfen. Aber Jesus VERSTECKTE sich (Joh 8,59).

Sie hoben Steine auf, um sie auf ihn zu schleudern, aber Jesus VERSCHWAND (PHI).

Er entkam dem wütenden Mob, indem er verschwand. Er wechselte die Dimensionen. Wie bei Engeln war er immer noch auf der Erde, aber nicht in derselben Welt! Ich wette, das geschah so plötzlich, dass die

Leute dies mit ihrem Verstand nicht nachvollziehen konnten. Sie waren total perplex!

Jesus verschwand nicht nur. In diesem ungewöhnlichen Zustand war er auch in der Lage, durch feste Objekte hindurchzugehen, merkwürdigerweise sogar durch Menschen.

Er ging mitten durch sie hindurch und zog so an ihnen vorbei (YLT).

Das ist die unaufhaltsame Macht des Lebens aus den „Büchern des Himmels" (s. Ps 139,16). Seine Zeit zu sterben war noch nicht gekommen. Man konnte ihn bis zum Kreuz nicht stoppen. Er lebte in Konvergenz mit dem Himmel. Einer höheren Wahrheit als das sichtbare Licht.

Das war nicht das einzige Mal, dass Jesus sich so verhielt. Jesus machte die religiöse Menge verrückt mit seiner Lehre! Er sagte nicht das, was sie hören wollten, und forderte sie aufs Äußerste heraus. Er machte sie wütend (‚voller Zorn'). Einmal ergriffen sie ihn und warfen ihn aus der Stadt. Schau, was dann geschah:

Und alle in der Synagoge wurden von Wut erfüllt, als sie dies hörten. Und sie standen auf und stießen ihn zur Stadt hinaus und führten ihn bis an den Rand des Berges, auf dem ihre Stadt erbaut war, um ihn so hinabzustürzen (Luk 8,28-30 ELB).

Du kannst nicht locker flockig durch eine Menge von blutrünstigen Religiösen spazieren. Sie waren aufgeputscht und drauf und dran, ihn zu töten. Es muss ein sehr dramatischer Moment gewesen sein. Dachten die Jünger, dass nun mit Jesus alles vorbei sei? War das das Ende?

Stell dir den Schock vor, als Jesus wieder einmal die Dimensionen wechselte! War er unsichtbar oder nur teilweise unsichtbar? Sah er wie ein Geist aus? Wir wissen nur, dass er DURCH sie hindurchging.

Er aber schritt mitten durch sie hindurch und ging weg (Luk 4,28).

Das klingt so nett ... er ging durch sie hindurch. Jesus hat sie wahrscheinlich zu Tode erschreckt!

(Warum zeigen sie das nie in den Hollywood-Filmen über Jesus?)
Ein anderes Mal wechselte Jesus nicht nur die Dimensionen, er verschwand so sehr, dass er ätherisch wie ein Geist und anti-gravitativ wurde! Selbst die Schwerkraft wurde zu einer niedrigeren Wahrheit.

Als die Jünger sahen, dass Jesus auf dem Wasser wandelte, dachten sie, er sei ein Geist, und sie fingen an zu schreien. Alle sahen ihn und waren erschrocken. Aber zur selben Zeit sagte er: „Macht euch keine Sorgen! Ich bin es, Jesus. Fürchtet euch nicht." (Mk 6,49 CEV).

Er sah wie ein Geist aus – transparent, als wäre er nicht wirklich da, transdimensional!

Wenn wir mehr und mehr von dem Einssein trinken, das wir mit der göttlichen Wesenheit genießen dürfen, werden ganz wunderschöne und erstaunliche Dinge mit dem Körper geschehen. Die Frequenz unseres Körpers wird sich ändern und wir werden feststellen, dass wir nicht „wirklich von hier" sind, „nicht wirklich von dieser Welt".

Ich nenne das, „hier verborgen und dort offenbart" zu sein.

So wie die englische Mystikerin Julian von Norwich es ausdrückte: „Wir sind mehr im Himmel als auf der Erde."

Verschwinden bedeutet, unseren Körper in eine andere dimensionale Welt zu verschieben. Das ist da, wo die Engel wandeln. Wo die ‚Wolke der Zeugen' zu sehen ist. Sie umgibt uns. Sie umhüllt alles.

Es mag dich überraschen, aber einige der Heiligen WUSSTEN, wie man so einen DIMENSIONSWECHSEL willentlich einleitet. Sie verstanden die geistliche Technologie dahinter. Einer dieser Heiligen, der sich einfach in Luft auflöste, war Franz von Paola. Sein gesamtes Leben hindurch war er als großer Wunderwirker bekannt. In dieser Geschichte wurde Franz von übereifrigen Jüngern umzingelt, nachdem er den Herrscher besucht hatte. Er hing im Menschenschwarm fest.

Als er gehen wollte, versammelten sich große Menschenmengen im Herrscherpalast, um ihn zu sehen und ihm nahe zu sein. Ihr großer Enthusiasmus für den Heiligen drückte sich darin aus, dass sie Teile seiner Kleidung abrissen, was der Heilige überraschenderweise

gestattete.

Gott erneuerte seine Kleidung so schnell, wie sie abgerissen wurde. Die Zuschauer waren erstaunt zu sehen, dass, nachdem Scharen von Leuten bereits Fetzen seiner Kapuze und seines Obergewandes weggerissen hatten, beide Kleidungsstücke immer noch auf wundersame Weise intakt waren.

Da es ihm unmöglich erschien, sich einen Weg durch die Menge zu bahnen, die sich so eng auf dem Platz um ihn geschart hatte, und da ihm die Vergötterung irgendwie peinlich war, verschwand der Heilige plötzlich vor den Augen der Menschen, was sie sehr verwirrte. In einem Moment war er noch da und im nächsten bereits verschwunden. Seine Begleiter waren sehr erstaunt, ihn außerhalb der Mauern auf sie wartend vorzufinden, bereit zur Reise aufzubrechen.[2]

Ich liebe die Demut der Heiligen. Sie suchten keinen Ruhm, sondern lebten für Gottes Ehre.

St. Gerard Majella ist ein weiterer vielgeliebter katholischer Heiliger. Er lebte ein „KAINOS"-Leben und manifestierte außergewöhnliche Kraft. Hier ist eine weitere Geschichte aus Joan C. Cruz's inspirierendem Buch *Mysteries, Marvels and Miracles in the Lives of the Saints*, ein Buch, das ich wärmstens empfehle.

Eines Tages erhielt der Heilige im Kloster in Caposele die Erlaubnis, sich für einen Tag zum Gebet und zur Besinnung in seine Zelle zurückzuziehen. Etwas später brauchte der Vater des Ordens ihn und schicke jemanden, um ihn zu holen. Der Heilige war nicht aufzufinden, obwohl jeder im Haus nach ihm suchte. Dr. Santonelli, der Arzt des Klosters, rief irgendwann aus: „Wir haben Bruder Gerard verloren!"

Dr. Santorelli nahm einen der Brüder zu einer erneuten Suche mit sich und ging in die Zelle des Heiligen, die 10 Quadratmeter groß war. Im Raum befanden sich nur ein armseliges Bett und ein kleiner Tisch, kein Möbelstück, hinter dem er sich hätte verstecken können. Man konnte ihn nirgends finden.

Schließlich wurde jemandem aus der religiösen Gemeinschaft klar,

dass der Heilige sicherlich zum Zeitpunkt der heiligen Kommunion auftauchen würde, und so warteten sie.³

Ha! Das liebe ich. Das Abendmahl ist ein Köder für Heilige! Eine Garantie, sie aus dem Versteck hervorzulocken!

Die Geschichte geht weiter:

Genau wie vorhergesagt, wurde der Heilige zu diesem besonderen Moment gesichtet. Als er gefragt wurde, wo er gewesen sei, antwortete der Heilige: „In meiner Zelle." Als die Mönche dem Heiligen berichteten, an wie vielen Orten sie ihn gesucht hatten, gab er keine Antwort. Dann erklärte der Heilige aus geschuldetem Gehorsam: „Da ich Angst hatte, abgelenkt zu werden, bat ich Jesus Christus um die Gnade, unsichtbar zu werden."

Dr. Santorelli war immer noch sehr neugierig und bedrängte St. Gerard nach weiteren Antworten.

Den Doktor am Arm nehmend leitete der Heilige ihn in seine Zelle und zeigte auf den kleinen Stuhl, auf dem er die ganze Zeit gesessen hatte, während sie nach ihm suchten. Dann flüsterte der Heilige dem Doktor zu: „…manchmal mache ich mich ganz klein."

Das Wunder wurde in der Umgegend so bekannt, dass die kleinen Kinder öfters sagten: „Lass uns Bruder Gerard spielen" und dann spielten sie Verstecken. Kannst du dir so etwas heute vorstellen? Ich ja. Ich bin davon überzeugt, dass das kommt. Wir werden wieder staunen.

Tatsächlich haben an manchen Orten diese Wunder bereits begonnen. Hast du vielleicht schon über Bruder Yun aus China gelesen? In seinem Buch *Der Himmelsbürger* erzählt Yun die absolut faszinierende Geschichte seiner Flucht aus dem Gefängnis:

Irgendwie schien der Herr den Wächter mit Blindheit geschlagen zu haben. Er starrte mich direkt an, aber seine Augen verrieten absolut nichts von meiner Gegenwart. Ich wartete darauf, dass er etwas sagen würde, aber er schaute einfach durch mich hindurch, als wäre ich unsichtbar. Er sagte kein Wort. Ich ging weiter an ihm vorbei und schaute nicht zurück. Ich wusste, dass man mir jederzeit in den Rücken schießen konnte… Ich ging weiter die Treppe

hinunter, aber niemand hielt mich auf und keiner der Wächter sagte irgendein Wort zu mir!"[4]

Erstaunlicherweise spazierte er am helllichten Tage an mehreren Aufsehern vorbei direkt durch den Haupteingang hinaus. Niemand war je zuvor aus diesem Hochsicherheitsgefängnis entkommen. Es war ein Wunder!

Dieser Dimensionswechsel ist nicht auf die verfolgte chinesische Gemeinde beschränkt. Das geschieht auch in der westlichen Welt. In seinem Buch *Übernatürliche Versetzung* berichtet Michael Van Vlymen von einem unglaublichen Augenblick, wo er durch eine Menschenmenge ging.

Eines Abends, während ich den Herrn suchte, befand ich mich plötzlich draußen auf einem Konzertplatz, nicht weit von unserem Zuhause entfernt. Es waren viele junge Leute auf diesem Konzert, die ganz offensichtlich betrunken waren oder Drogen genommen hatten oder beides. Ich sah Menschenmengen, die in meine Richtung liefen, und ich hatte den Eindruck, ich solle in die andere Richtung gehen, und das tat ich dann. Zunächst versuchte ich, mich durch die Menge zu schlängeln und auszuweichen, aber dann wurde mir bewusst, dass ich tatsächlich durch Menschen hindurchging. Als mir das klar wurde, versuchte ich nicht mehr, ihnen auszuweichen. Ich lief einfach durch sie hindurch. Ich konnte merken, dass manche Leute ganz offensichtlich verärgert über diese Erfahrung waren, und ich nehme an, sie dachten, dass das wohl mit dem Alkohol oder den Drogen zusammenhing.[5]

Warum sollte Gott etwas so Bizarres arrangieren? Michael denkt, das geschah, um Menschen regelrecht aus ihren Abhängigkeiten zu schütteln. Es war in Wirklichkeit eine machtvolle Manifestation von Gnade, um schlummernde Herzen aufzuwecken. Das glaube ich auch!

Ich glaube, dass diese Art von Zeichen und Wundern zunehmen wird. Wir nähern uns Tagen von Schock und Ehrfurcht. Beides, Freude und Furcht Gottes, kommt wieder über uns, so wie Hosea prophezeit hat:

Und sie werden sich bebend zum HERRN wenden und zu seiner Güte am Ende der Tage (Hos 3,5 ELB).

Das geschieht tatsächlich bereits. Vorreiterin Nancy Coen wurde einmal vom Heiligen Geist in einen satanischen Nachtclub geschickt. Es war einer der dunkelsten Orte, die man sich vorstellen kann, voller dämonisierter Menschen. Jeder drehte sich um und schaute Nancy an. Sie stand vor der Menge und begann in tiefer Fürbitte für die Menschen zu weinen und zu seufzen. Nancy spürte das tiefe Verlangen der Schöpfung stark in ihrem Innersten widerhallen (s. Röm 8,22). Das Einzige, das Nancy tat, war zu weinen. Sie verließ den Club und dachte, sie hätte versagt.

Zwei Jahre später traf Nancy die (ehemalige) Hohepriesterin des Nachtclubs. Sie erzählte Nancy, was wirklich geschehen war. Als Nancy weinte, löste sie sich in Luft auf und erschien dann wieder als ganz helles, blendendes Licht vor den Satanisten. Das übernatürliche Licht ließ die Hohepriesterin komplett erblinden.

Ihre Freunde gerieten in Panik und wollten sie in die Notaufnahme bringen. Sie jedoch wusste, dass es Jesus war. Stattdessen brachten sie sie nach Hause und dort heilte und befreite Gott sie. In den folgenden zwei Jahren führte diese transformierte Frau die meisten Satanisten aus diesem Club zu Jesus. Heute bewegt sie sich in einem mächtigen prophetischen Dienst. Unglaublich![6]

Dieses Zeitalter wird nicht wie gehabt weitergehen.

Der erste Adam empfing Leben.
Der letzte Adam ist ein lebenspendender Geist (1Kor 15,45 MSG).

Die Folgen des Evangeliums sind massiv.
Der Tod wird vom Leben verschlungen werden.

NAHRUNGSLOSIGKEIT (INEDIA): AUSGEDEHNTES FASTEN

> In der Zwischenzeit baten ihn die Jünger und sprachen: Rabbi, iss! Er aber sprach zu ihnen: Ich habe eine Speise zu essen, die ihr nicht kennt. Da sprachen die Jünger zueinander: Hat ihm wohl jemand zu essen gebracht? (Joh 4,31-33).

Beginnst du schon, ein bisschen vom Wunder des Evangeliums zu erahnen? Es ist erstaunlich. Wir werden niemals aufhören, es zu genießen. Niemals aufhören, es zu erforschen. Die Engel sind voller Ehrfurcht davor!

Je mehr ich mystisches Gebet erlebe und mich mit himmlischen Bereichen beschäftige, desto mehr muss ich verschiedene Annahmen über den Körper, den Sinn, den Geist, Distanz, Dimensionen, den Intellekt und vieles anderes revidieren.

Mit dem „Co-Leben" ist jedem von uns etwas absolut Unbeschreibliches passiert. Wir beginnen gerade erst, die Auswirkungen des Evangeliums zu erfassen. Wir sind in Christus völlig neu definiert worden. Kaue mal genüsslich auf dem Folgenden:

Die Begriffe mit gekreuzigt und mit lebendig definieren mich jetzt. Christus in mir und ich in ihm (Gal 2,20 MIR).

Menschliche Beschreibungen treffen einfach nicht mehr auf uns zu. Was wir vorher waren, ist zu Ende, aus und vorbei. Das wurde mit gekreuzigt und starb. Das neue Mitlebendig ist nun da! Lass uns Gott erlauben, im Lichte des Evangeliums das alte Denken zunichtezumachen und unseren Sinn zu erneuern. Unsere Denkweise verändert unseren Blick auf die Welt. Es gibt noch viel mehr Möglichkeiten, die wir erkunden können.

Lass uns noch eine weitere herausfordernde Richtungsänderung betrachten. Ich möchte unsere Abhängigkeit von irdischen Nahrungsquellen – von Essen und Wasser – auf den Prüfstand stellen.

Lass uns nochmals untersuchen, was es bedeutet, jenseits von menschlichen Begrenzungen zu leben, und dabei bei Jesus und der Frau am Jakobsbrunnen beginnen. Darüber haben wir in dem Kapitel Wissenseingebungen gesprochen. Diesmal möchte ich einen anderen Blickwinkel der Geschichte beleuchten. Wie du sicher weißt, verbrachte Jesus Zeit damit, eine gebrochene Frau wiederherzustellen. Sie war total verblüfft und rannte ins Dorf, um das zu verbreiten.

Und darüber kamen seine Jünger und wunderten sich, dass er mit einer Frau redete. Dennoch sagte niemand: Was suchst du? Oder: Was redest du mit ihr?

Die Frau nun ließ ihren Wasserkrug stehen und ging weg in die Stadt und sagt zu den Leuten: Kommt, seht einen Menschen, der mir alles gesagt hat, was ich getan habe! Dieser ist doch nicht etwa der Christus? Sie gingen zu der Stadt hinaus und kamen zu ihm.

In der Zwischenzeit baten ihn die Jünger und sprachen: Rabbi, iss! Er aber sprach zu ihnen: Ich habe eine Speise zu essen, die ihr nicht kennt (Joh 4,27-32 ELB).

Jesus verwandelte sich von „erschöpft von der Reise" hin zu plötzlicher, übernatürlicher, göttlicher Energie. Die Jünger kannten Jesus gut und konnten sehen, dass er erfrischt war. Sie fragten: „Hat ihm irgendjemand etwas zu essen gegeben?" Sie waren verwirrt (Joh 4,1-42).

Wir wissen, dass Jesus Feste liebte und glücklicher als jeder andere war (Hebr 1,9). Er konnte essen und trinken und Tischzeiten so richtig genießen. Er wurde von den Religiösen beschuldigt, „Weinsäufer" (d.h. ständiger Trinker) zu sein (Lk 7,34). Es scheint jedoch so, dass das Essen für ihn einfach zur Freude da war, nicht lebensnotwendig. Jesus konnte ohne auskommen:

Ich habe eine Speise zu essen, die ihr nicht kennt.

Das ist ein mystisches Geheimnis hier. Verpass es nicht.

In jenem Moment, als er am Brunnen saß und dem Vater gehorchte, wurde Jesus von Leben aus dem Geist durchdrungen. Er sagte:

Meine Speise ist, dass ich den Willen dessen tue, der mich gesandt hat, und sein Werk vollbringe (Joh 4,34 ELB).

Jesus war voll und gesättigt dadurch, den Willen des Vaters zu tun! An Freude gelabt!

Diese Möglichkeit existiert auch für uns. Wir können jenseits der Abhängigkeit von Essen leben. Es ist schockierend, aber lies weiter. Lass es mich erklären.

Bei der „KAINOS"-Möglichkeit von Nahrungslosigkeit geht es nicht um Verzicht. Nein! Es geht darum, in einem anderen Bereich zu SCHLEMMEN. Wir essen und trinken von einer verborgenen Realität. Wir nutzen den Zugang zum Baum des Lebens (Offb 2,7)! Wir sind DICK und GLÜCKLICH aufgrund der Üppigkeit des Lammes!

Christus, Gottes Lamm, ist für uns geschlachtet worden. Deshalb lasst uns uns an IHM SATTESSEN (1Kor 5,7-8 TLB).

Denn auch unser Passahlamm, Christus, ist geschlachtet. Darum lasst uns das FEST feiern (1Kor 5,7f. ELB).

Sie werden sich überreich laben am Fett deines Hauses (Ps 36,8 DAR).

Sie genießen und laben sich an der Fülle (Ps 36,8 AMPC).

Ich liebe das Butterfett-Evangelium von Jesus Christus! Das ist eine meiner Lieblingsbotschaften, wenn ich umherreise. Das Evangelium ist ein mystisches FEST, kein Fasten. Sein Leib ist wahres Essen.

Jesus sprach zu ihnen: Ich bin das Brot des Lebens. Wer zu mir kommt, wird nicht hungern, und wer an mich glaubt, wird nie mehr dürsten... denn mein Fleisch ist wahre Speise, und mein Blut ist wahrer Trank. Wer mein Fleisch isst und mein Blut trinkt, bleibt in mir und ich in ihm (Joh 6, 35-58 ELB).

Wenn diese Generation, stärker als jede zuvor, die Botschaft des vollendeten Werkes Jesu Christi und die Verheißung der mystischen Einheit im Evangelium erkennt, dann werden wir reif werden und beginnen, in der ganzen Fülle dessen zu leben, was es bedeutet, in Christus zu sein.

Wenn wir uns mit ihm vereinen, dann wird das Unmögliche möglich.

Wie Mose, der wochenlang auf dem Berg in der dunklen Wolke der Gegenwart stand, werden wir herausfinden, dass seine Gegenwart unseren Körper stärker aufrechterhält als alles andere, das die sichtbare Welt zu bieten hat.

Mose jedoch ging mitten in die Wolke hinein und stieg auf in den Berg hinein; und Mose war vierzig Tage und vierzig Nächte auf dem Berg (2Mose 24,18).

Im Einssein mit unserem Schöpfer steckt Energie. In ihm haben wir Zugang zu UNBEGRENZTEM LEBEN.

Ich habe bereits einige kleine Erfahrungen in dieser Richtung gemacht. Plötzliche Wellen von übernatürlicher Energie, die tagelang anhielt. Ich bin so voll von Leben aufgewacht, dass ich rennen und rennen musste, um die Energie zu verbrennen. Beim Predigen bringt mich diese Energie oft dazu, auf und ab zu laufen, und manchmal auch, im Raum herumzurennen, während ich freudige Schreie ausstoße und etwas von dieser innerlichen Glückseligkeit freisetze. Oft habe ich am Ende des Abends viel mehr Energie als zu Anfang.

Wenn ich ganz bedächtig die mystischen Elemente des Abendmahls im Geist zu mir nehme, erlebe ich, dass mein Bewusstsein von Gott ganz stark zunimmt. Ich spüre eine Fülle, ein inneres Wohlbefinden, das schwer in Worte zu fassen ist. Es ist wie ein erweitertes Empfinden dessen, mit Vollkommenheit erfüllt zu werden. Die Vollkommenheit der Liebe.

Manchmal scheint jeglicher Appetit auf Essen nachzulassen und bedeutungslos zu werden. Oft lehne ich die Einladung für ein nächtliches Essen nach einer Konferenz ab. Ich lerne, dieses Empfinden zu ehren und es nicht mit typisch menschlichem Verhalten abzuschütteln.

Ich hoffe, dass dieser Lebensfluss immer stärker in mir wachsen wird, bis ich wochenlang aus göttlicher Energie leben kann, genauso wie die Heiligen. Das hat seinen Preis. Du musst dich entscheiden, in Christus zu leben. Dich mit seiner Liebe zu verbinden. Ganz bewusst in seiner Gegenwart zu leben.

Viele Heilige haben das verstanden. Sie fanden das „mystische Geheimnis Gottes, welches Christus ist" (Kol 2,2 AMPC). In John Crowders großartigem Buch *The Ecstasy of Loving God* schreibt John über diese übernatürliche Nahrungslosigkeit in der Kirchengeschichte:

Medizinisch ist es unmöglich, mehr als vier Tage ohne Wasser zu leben, ohne Dehydrierung und Tod zu erleiden. Aber die Mystiker der Kirche, besonders solche, die eine Ekstase intensiv erlebten, sind durch Formen von Nahrungslosigkeit gegangen, die man unmöglich glauben könnte, wenn sie nicht so gut dokumentiert wären. Alexandria Maria da Costa lebte vom 27. März 1942 bis zu ihrem Tod am 13. Oktober 1955 nur vom Abendmahl als tägliche Speise. Das sind mehr als 13 Jahre! Die deutsche Mystikerin und Stigmatisierte Therese Neumann (1898-1962) ist vielleicht das erstaunlichste Beispiel der Neuzeit. Sie lebte 40 Jahre ohne Essen und mehr als 35 Jahre ohne Wasser, außer beim Abendmahl. Sie beide, Therese und Alexandria, erlebten keinerlei schlimme Auswirkungen durch dieses Fasten, noch schieden ihre Körper Abfallprodukte aus.[1]

Ich habe viele Berichte über die Wüstenväter und die keltischen Heiligen gelesen, die alleine auf kleinen Inseln lebten oder an Wüstenorten, mit dem absoluten Minimum an Nahrung auskamen und manchmal nur eine kleine Mahlzeit zu sich nahmen, ohne irgendwie Schaden zu nehmen.

In der folgenden Geschichte wurden St. Brendan und seine Nachfolger von Herrn geleitet, zu einer kleinen Insel zu reisen. Sie fanden einen sehr alten Mann vor, der von Gott aufrechterhalten wurde.

Als Brendan zum Gipfel auf der Insel kam, sah er zwei Höhlen und davor war ein Wasserfall. Als er vor den Höhlen stand, kam ein sehr alter Mann auf ihn zu. „Es ist gut, wenn Brüder sich versammeln", sagte er und bat Brendan, die anderen Männer vom Boot zu rufen.

Als sie kamen, grüßte der alte Mann sie und küsste sie und nannte jeden einzelnen beim Namen. Brendan war so erstaunt über das Angesicht des Mannes, das so voller Herrlichkeit war, und darüber, dass er ihre Namen kannte, dass er weinte und schluchzend sagte: „Ich bin nicht würdig, das Ordensgewand eines Mönches zu tragen."

Brendan fragte den Einsiedler, sein Name war Paul, wie er zur Insel gekommen und woher er ursprünglich sei. Paul antwortete: „Ich wurde fünfzig Jahre lang im Kloster von Patrick gelehrt. Ich war für den Friedhof der Brüder verantwortlich. Eines Tages zeigte mein Abt auf das Meer und sagte: „Gehe morgen dort hin und du wirst ein Boot finden, das dich an einen Ort bringen wird, wo du bis zu deinem Todestag bleiben wirst."

„Ich tat, wie er mir befohlen hatte, ruderte drei Tage lang und dann ließ ich die Ruder los und ließ das Boot für sieben Tage treiben unter der Leitung des Herrn. So kam ich auf diese Insel und hier bin ich geblieben und habe mich dem Gebet und der Fürbitte hingegeben." Paul fuhr fort: „Am ersten Tag kam ein Otter und brachte mir Fisch zu essen. Danach kam der Otter jeden dritten Tag und brachte dasselbe. Der Strom und der Wasserfall brachten Wasser und ich bin hier seit 90 Jahren und 50 bei Patrick. Jetzt mit 140 Jahren warte ich immer noch auf den Tag meiner Rechenschaft."[2]

Ist das nicht erstaunlich?! Ich bin herausgefordert, wann immer ich solche Geschichten lese. Diese Menschen lebten zu 100% für Gott und tauchten völlig in ihn ein. Ein Leben in Einheit mit Himmel und Erde.

Ich denke, es ist Zeit, dass wir uns verändern! Ich möchte FREI sein!

In den 1980er Jahren kam Bruder Yun (liebevoll „Der Himmelsbürger" genannt) ins Gefängnis und wurde dort fast zu Tode geprügelt. Unter primitivsten Umständen fastete er 74 Tage lang Wasser und Essen. Das gesamte Gefängnis und die Sicherheitsbeamten wussten, dass das ein unglaubliches Wunder ist.[3]

Als seine Mutter und seine Frau ihn schließlich besuchen durften, sagte Yun ihnen, dass er hungrig sei. Sie dachten, er hätte Hunger auf

Essen. Aber er sagte, dass er hungrig und durstig nach Seelen sei. Das ist der Durst, den Jesus am Kreuz empfand. Das Verlangen nach der Versöhnung der Menschheit.

Die Blaupause ist Christus. Muss sich Jesus als Auferstandener wirklich weiterhin durch irdisches Essen am Leben erhalten? Wir wissen, dass Jesus in der Lage ist, zu essen und es auch zu genießen. In der Schrift steht, dass er mit den Jüngern nach der Auferstehung aß:

Als sie aber noch nicht glaubten vor Freude und sich wunderten, sprach er zu ihnen: Habt ihr hier etwas zu essen? Sie aber reichten ihm ein Stück gebratenen Fisch; und er nahm und aß vor ihnen (Lk 24,41-43 ELB).

Essen ist gut. Wir haben die Freiheit, zu essen und es zu genießen, aber wir dürfen uns davon nicht begrenzen lassen.

Es gibt einen höheren Weg, der immer mehr zutage tritt. So wie der Herr will, wie Gott es erlaubt, wird eine Generation die menschlichen Begrenzungen durchbrechen, sogar auch das alte Bedürfnis nach Essen und Schlaf. Wir werden eine verborgene, höhere, göttliche Stufe von Leben erreichen, die das niedrigere, sichtbare Leben unterstützt.

Du bereitest vor mir einen Tisch angesichts meiner Feinde (Ps 23,5 ELB).

Wer überwindet, dem werde ich zu essen geben von dem Baum des Lebens, welcher in dem Paradies Gottes ist (Offb 2,7 ELB).

Ich will dem Dürstenden aus der Quelle des Wassers des Lebens geben umsonst (Offb 21,6 ELB).

Das ist die „KAINOS"-Lebens- und Denkweise, dass man glaubt, wir könnten sogar jetzt schon ‚die Kräfte des zukünftigen Zeitalters' schmecken. Wir können die Zukunft hier und jetzt manifestieren.

Vielleicht können wir jetzt noch nicht das gesamte Sortiment genießen, aber möchtest du nicht auch herausfinden, was wir jetzt schon erleben können?! Wie weit wir gehen können? Ich weiß jedenfalls, dass ich in mir Veränderung sehen möchte.

Ich weissage über dir, über allen, die dieses Buch mit kindlichem Herzen lesen.

Er führt mich zu stillen Wassern. Er erquickt meine Seele (Ps 23,1-3).

An eine Generation gerichtet, die sich in den Hirten verliebt hat: Wir werden die Quelle des Lebens finden. Schlussendlich wird es eine Gruppe von Menschen geben, die ewig lebt.

Wie der lebendige Vater mich gesandt hat, und ich lebe um des Vaters willen, so auch, wer mich isst, der wird auch leben um meinetwillen. Dies ist das Brot, das aus dem Himmel herabgekommen ist. Nicht wie die Väter aßen und starben; wer dieses Brot isst, wird leben in Ewigkeit (Joh 6,57f. ELB).

Nahrungslosigkeit kann nicht mit menschlichen Formeln erreicht werden, mit natürlichem Fasten oder innerer Willensstärke. Auf keinen Fall! Mach das bitte nicht! So wie Jesus sagte:

Aus mir selbst kann ich nichts tun (Joh 5,30 ELB).

Die Heiligen fanden den lebenserhaltenden Strom des Lebens, indem sie in mystischer Einheit lebten.

Denn bei dir ist die Quelle des Lebens (Ps 36,9 ELB).

Und wiederum:

Wer aber von dem Wasser trinken wird, das ich ihm geben werde, den wird nicht dürsten in Ewigkeit; sondern das Wasser, das ich ihm geben werde, wird in ihm eine Quelle Wassers werden, das ins ewige Leben quillt (Joh 4,14 ELB).

Die Heilige Katharina von Siena[4] war so erfüllt mit Gott, dass es ihr fast unmöglich war zu essen! In der Tat machte sie das Essen krank. Sie verlor ihren Appetit komplett und lebte von den Miniportionen des täglichen Abendmahls.

Ich glaube von ganzem Herzen, dass eine Gruppe aufstehen wird, die diese Botschaft auslebt. Nicht aus den alten menschlichen

Bemühungen, sondern weil sie in das „KAINOS"-Leben hinter dem Vorhang gezogen werden. Wir mögen vielleicht weiterhin essen, aber wir werden nicht länger auf dieselbe Weise dadurch am Leben erhalten werden. Wir werden diese Grenze durchbrechen.

Darüber hinaus werden sogar einige so voller Leben sein, dass der Tod sie nicht erreichen kann.

Aber nun ist (diese außergewöhnliche Absicht und Gnade) vollständig aufgedeckt und von uns erkannt worden durch das Erscheinen unseres Erlösers Christus Jesus, der (durch seine Inkarnation und seinen irdischen Dienst) den Tod abschaffte (ihn null und nichtig machte) und durch das Evangelium Leben und Unsterblichkeit ans Licht brachte (2Tim 1,10 AMP).

Wie Henoch werden wir die Kraft eines endlosen Lebens entdecken.[5]

Glaube hielt Henoch davon ab zu sterben (Hebr 11,5 GNT).

Im „KAINOS"-Zeitalter hat der Tod seinen Stachel verloren!

Mach dich bereit, stark erweiterte Lebensspannen, die Regeneration von Jugendlichkeit und Unsterblichkeit zu sehen. Das mag im Moment schwer vorstellbar sein, aber es kommt, und das eher, als du denkst.

In Wirklichkeit hat es bereits begonnen.

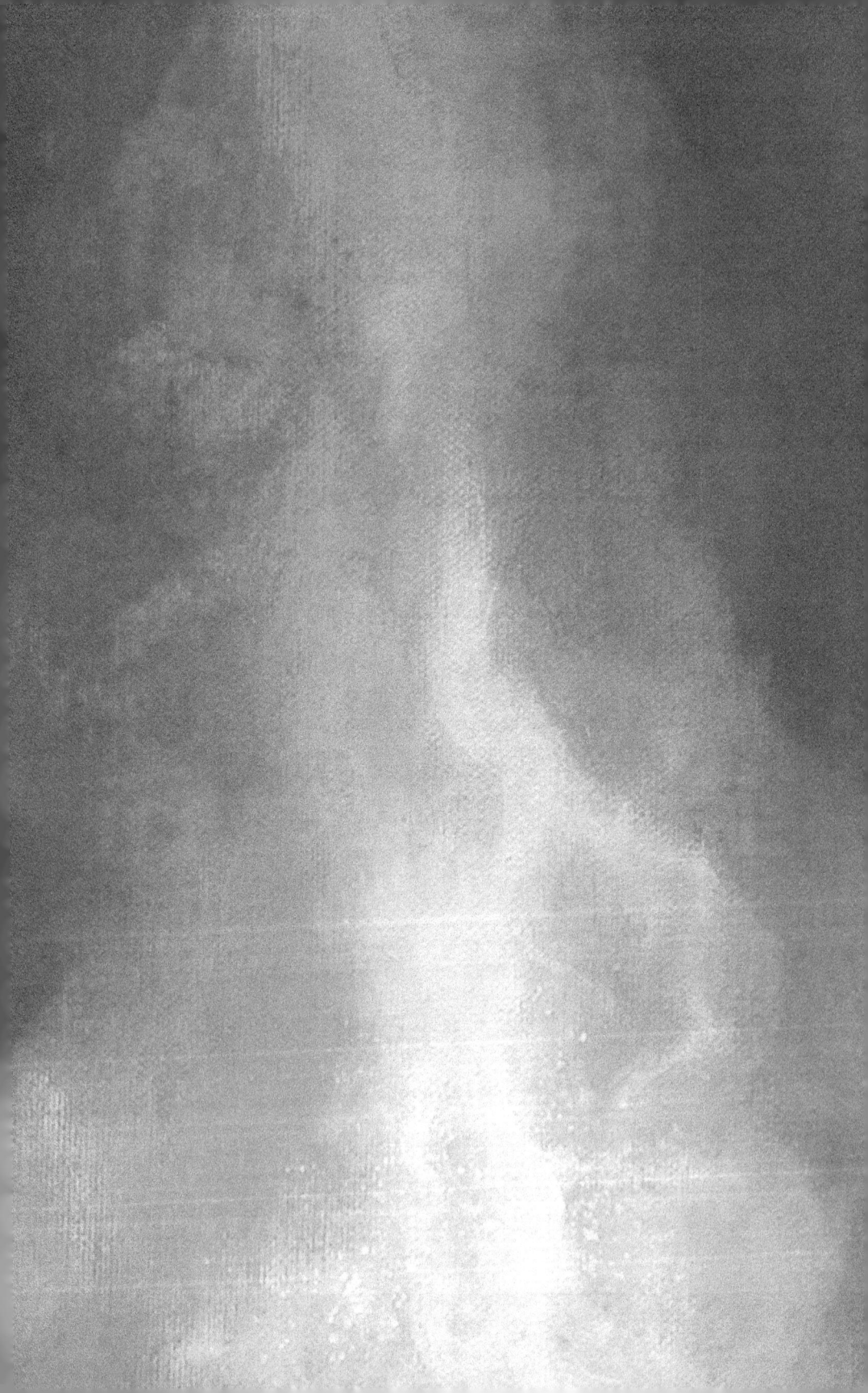

> **„Wenn du in der Gegenwart des Vaters stehst, brauchst du keinen Schlaf." Paul Keith Davis[1]**

Wusstest du, dass jeder durchschnittlich acht Stunden pro Nacht schläft? Wenn du dann 75 Jahre als wirst, hast du rund 25 Jahre lang geschlafen. Kannst du das glauben? Ganze 25 Jahre lang die Augen zu!

Ich weiß nicht, wie es dir geht, aber ich möchte meine Zeit hier wirklich nutzen, auch die Nächte. Ich möchte nicht einfach abschalten und morgens aufwachen und mich fragen, was wohl geschehen ist. Das ist nicht richtig!

Ich möchte im Geist sein, während ich schlafe, bei Bewusstsein und klar und mit dem Königreich des Vaters in Beziehung treten. Ich möchte nicht länger unbewusst und abgetrennt sein. Das scheint nämlich unter dem Standard zu liegen, den die Schrift uns verheißt. Denke einmal über Folgendes nach:

Aber seine Freude ist das Gesetz des Herrn
Und über sein Gesetz meditiert er Tag und Nacht (Ps 1,2).

Wie ist es möglich, Tag und Nacht darüber nachzusinnen? Betrachte auch diesen Schlüssel:

Ich schlief ein, aber mein Herz blieb wach (Hld 5,2 AMPC).

Also kann man wach bleiben und trotzdem schlafen?! Klingt toll. Ich möchte das erleben!

An dieser Stelle sprechen wir nun über eine weitere froh machende Wahrheit! Das Evangelium verändert nicht nur den Tag und erfüllt ihn mit neuen Möglichkeiten. Es verwandelt auch die Nacht in erfüllte Zeit, in der man mit dem Himmel in Kontakt treten und im Geist reisen kann. Ganze Nächte, in denen man in die Wonne der mystischen Einheit eintaucht und Abenteuer in den Nationen oder sogar in den Sternen erlebt.

Ich habe schon einige Erfahrungen in diese Richtung gemacht. Ich hatte Nächte, in denen ich ganz bewusst meinen Fokus darauf gerichtet habe, zu Gott aufzusteigen. Mir ist aufgefallen, dass sich, wenn ich mich auf das Einssein fokussiere und darauf, in ihm zu sein, irgendwie mehr von Himmel öffnet. Das ist das Gesetz von Verlangen und Fokussierung.

Und habe deine Lust am HERRN, so wird er dir geben, was dein Herz begehrt (Ps 37,4 ELB).

Mein Freund Ian Clayton hat gelernt, dass beides möglich ist: mit wenig Schlaf auszukommen und auch bei Bewusstsein zu bleiben, während man schläft, indem man seinen Körper in seinem Geist-Menschen beherbergt. Ian stand immer früher auf, um zu beten. Er war so hungrig. Und doch hatte er immer den Eindruck, er hätte nicht genug Zeit mit dem Vater. Ihm wurden seine physischen Grenzen bewusst.

Schließlich fand er eine Lösung. Er lernte es, mit dem Geist in Beziehung zu treten und in der Nacht in den Himmel zu gehen, in den Berg Gottes. Jetzt hat er einige seiner tiefsten Erfahrungen im Schlaf. Wenn wir gemeinsam dienen, frage ich ihn immer: „Was ist letzte Nacht passiert?" Und er hat immer etwas Neues zu berichten. Oftmals ist es etwas sehr Richtungsweisendes für die jeweiligen Treffen.

Manchmal kommt er auch wochenlang mit sehr wenig Schlaf aus, überschreitet alle natürlichen Begrenzungen. Ich habe miterlebt, wie er direkt nach der Landung auf dem Flughafen mit vollen einhundert Prozent auf einer Konferenz diente. Das ist echt eine Meisterleistung, wenn du aus Neuseeland gekommen bist und kein bisschen geschlafen hast. Das ist „KAINOS"-Leben.

Klingt das zu gut, um wahr zu sein? Dann lies weiter!

Lass uns Jesus anschauen, den EINEN, der uns Hoffnung auf gewaltigere Dinge in der Zukunft schenkt!

Und es geschah in diesen Tagen, dass er auf den Berg hinausging, um zu beten; und er verbrachte die (im Engl. GANZE) NACHT im Gebet zu Gott (Lk 6,12 ELB).

Anscheinend brauchte Jesus nicht zwingend Schlaf! Manchmal war er die ganze Nacht wach und im Gebet.

Noch erstaunlicher ist dies, wenn man den geschäftigen Lebensstil Jesu miteinbezieht. Er war überall hin zu Fuß unterwegs. Betreute eine Gruppe anstrengender Jünger. Heilte die Kranken. Predigte zu Menschenmengen. Befasste sich mit den Religiösen uvm.

Dennoch überschritt er anscheinend die natürlichen Gesetze und trat in eine höher-dimensionale Realität ein. Eine Realität, die die normalen Schlafgewohnheiten übersteigt. Ein Lebensstil, wo man total in Leben eingetaucht ist.

Wie ist das möglich? Können wir das auch?

Dem Propheten Paul Keith Davis wurde dazu ein Teil der Antwort gezeigt. Er hatte eine tiefgreifende Visions-Erfahrung, in der er sah, wie Jesus auf dem Berg betete. Anstatt, dass er versuchte, wach zu bleiben, wie Paul Keith erwartet hatte, sah er, dass Jesus durch die Glückseligkeit der Gegenwart energetisiert wurde. Weder kämpfte er gegen den Schlaf an noch zählte er die Stunden. Er wurde zu Papa hinaufgezogen und die Nacht erschien zeitlos. Jesus musste sich bewusst herausziehen am Morgen. Er verbrachte die ganze Nacht in einer „Entrückung". Jesus stand erfrischt beim Morgengrauen auf, voller Freude.

Die Gegenwart ist der Schlüssel zum Geheimnis. Mit der Gegenwart Gottes in Beziehung zu treten, das öffnet die Tore zu grenzenlosen Möglichkeiten. Wenn wir in ihm leben, ist alles möglich.

„Wenn du in der Gegenwart des Vaters stehst, brauchst du keinen Schlaf." Paul Keith Davis[1]

Ich finde, die Nacht wird zu oft verschwendet. Ich möchte so nicht mehr leben.

Ich kenne eine wachsende Anzahl von Menschen, die die Nachtzeit auskaufen. Sie brechen mit den menschlichen Begrenzungen der normalen menschlichen Gewohnheiten. Menschen wie Nancy Coen. Sie fordert unser Verständnis dessen heraus, was es bedeutet, auf Erden wie im Himmel zu leben.

Höre dir Nancys Zeugnis an:

In all den Jahren, in denen ich die Nationen bereise, habe ich noch nicht ein einziges Mal Jetlag erlebt. Wenn du Millionen von Kilometern reist und sagst, dass du noch nie Jetlag hattest, dann ist das absolut außergewöhnlich. Tatsächlich dauerte meine Reise hierher (nach Neuseeland) von Haustür zu Haustür 64 Stunden. Und in diesen 64 Stunden habe ich eine Stunde Schlaf gehabt. Aber als ich aus dem Flugzeug stieg, war ich so erfreut, alle zu sehen, so voller Energie, dass es mich überhaupt nicht störte, keinen Schlaf gehabt zu haben.

Ich bin an Orten in den Höhlen von China gewesen, wo ich in der Tat fünf Tage lang am Stück gepredigt habe, ohne mich einmal hinzusetzen. Ohne eine Pause zu machen, ohne jemals ein Nickerchen zu halten oder zwischendurch etwas zu essen oder ein Glas Wasser zu trinken, sogar ohne jemals auf Toilette zu gehen.

Wie ist das überhaupt möglich? Das ist *menschlich absolut unmöglich*.

Die Art und Weise, wie dies möglich wurde, ist: Ich habe angefangen, Durchbruch dabei zu erleben, meinem Geist die Kontrolle über meine Seele und meinen Körper zu geben.[2]

Anfang des Jahres, als ich mit dem Schreiben dieses Buches begann, steckte ich irgendwann richtig fest. Ich dachte über all die Dinge nach, die Gott uns gezeigt hat bezüglich eines „übermenschlichen" Lebens, und mir wurde bewusst, wie verrückt das für einige klingen mag. Ich war kurz davor aufzugeben.

Dann leitete ein Freund mir Lehre von Nancy Coen weiter. Ich war erstaunt, als ich hörte, dass sie haargenau dieselben Gedanken weitergibt. Ich war so begeistert, dass ich Nancy zehn Stunden lang ohne Pause zuhörte. Das war wie Honig für mich. Ich konnte nicht genug bekommen. Sie bestätigte, was ich gesehen hatte. Und nicht nur das, Nancy lebt es tatsächlich aus. Kürzlich war ich bei Nancy und sie schlief die gesamten drei Tage nicht und strotzte dennoch vor Energie. Echt erstaunlich, wenn man bedenkt, dass sie fast 70 Jahre alt ist!

Wenn du unsere Podcasts angehört hast, dann weißt du, dass uns das Leben der keltischen Heiligen sehr inspiriert. Diese Gruppe von einfachen Gläubigen wandelte in echter apostolischer Autorität und prägte die Bestimmung Irlands, Großbritanniens und anderer Länder. Sie wandelten in Kraft, Liebe und tiefer Demut. Wie Nancy Coen überschritten auch sie oft das natürliche Bedürfnis nach Schlaf.

Große Anforderungen lasteten auf Cuthbert, und zwischen den Zeiten, in denen er das Gebet leitete, und intensiven Lehreinheiten machte er oft kleine Spaziergänge, um sich zu erfrischen. Inmitten all dieser Aktivitäten suchte er, obwohl er in der Gemeinschaft anbetete, oftmals Zeit zum stillen Gebet. Und bei diesen Gelegenheiten stieg er dann oft die Klippen hinunter, um nahe am Meer zu sein.

Eines Nachts entschied sich einer der Brüder, ihm heimlich zu folgen, weil er neugierig darauf war, was Cuthbert die ganze Nacht tat. Während der Spion ihm folgte, stieg Cuthbert hinab zum Meer und ging ins Wasser, bis es ihm bis zum Nacken reichte. Dort im Wasser verbrachte er mit erhobenen Armen die Nacht damit, Gott zu preisen und zum Klang der Wellen zu singen. Im Morgengrauen ging er zum Ufer und begann wieder zu beten, im Sand kniend.[3]

Ich stand im Wasser in der Nähe der Stelle, wo dies damals geschah. Das alles ist sogar noch erstaunlicher, wenn man bedenkt, wie kalt das Meer rings um Großbritannien ist. Eiskalt! Unglaublich!

Franz von Assisi war ein weiterer Heiliger, der „übermenschlich" lebte. Als junger, radikaler Mann zog er sich aus Protest nackt aus und verließ den großen Reichtum seiner Familie, um sich um die Verlorensten und Ärmsten der Armen zu kümmern. Zu Anfang war er obdachlos und wurde verspottet. Ein freundlicher Mann namens Bernard hatte Mitleid mit St. Franz und nahm in von der Straße in sein Haus auf.

Und so lud er ihn zum Abendessen ein und dazu, in seinem Haus zu wohnen, und St. Franz nahm es an und speiste mit ihm und blieb dort. Bernard hatte ein Bett vorbereitet in seiner eigenen Kammer, wo in der Nacht beständig ein Licht brannte. Und St. Franz warf sich, als er die Kammer betreten hatte, aufs Bett und täuschte vor zu schlafen, um seine Heiligkeit zu verbergen. In gleicher Weise legte auch Bernard sich nach einer Weile nieder und begann, laut zu schnarchen, so als würde er tief schlafen. Alsbald stand St. Franz auf im Glauben, dass Bernard wirklich schlief, und begann zu beten, erhob seine Augen und Hände zu Himmel und sagte mit großer Hingabe und voller Eifer: „Mein Gott, mein Gott." Dies sagend und beständig weinend fuhr er fort bis zum Morgen und wiederholte immer wieder: „mein Gott, mein Gott," und nichts anderes.[4]

Es hatte eine enorme Wirkung auf Bernard, Zeuge dieser demütigen, übernatürlich schlaflosen Nacht zu sein. Von da an war er verändert und wurde zum ersten franziskanischen Mönch. Er wurde ein enger Freund von St. Franz, kümmerte sich um die Armen, gründete Klöster und führte ein tief mystisches Leben. Oftmals erlebte er tagelang anhaltende ekstatische Liebestrancen, während er im Wald spazieren ging. Die reine Wonne!

Eine meiner weiteren Lieblingsheiligen ist Katharina von Siena. (Tatsächlich mag ich ganz viele Heilige. Sie sind wie Freunde für mich). Sie lebte von frühster Jugend an ein geweihtes Leben und begann mit fünf oder sechs Jahren, himmlische Visionen von Jesus zu haben. Sie war von der Liebe Gottes so gefesselt, dass sie

alle zwei Tage weniger als eine halbe Stunde schlief. Dennoch war sie niemals erschöpft, abgespannt oder müde.[5]

Sie war liebeskrank. Liebe bringt dich dazu, das Essen zu vergessen. Das Schlafen zu vergessen! Göttliche Liebe ist Leben!

Erstaunlicherweise bauten einige Heilige diese Fähigkeit noch viel weiter aus. Die Franziskanerin St. Colette kam ein ganzes Jahr ohne Schlaf aus. Hast du so etwas schon mal gehört?! Ein ganzes Jahr! Stell dir das vor! Was würdest du mit dieser Extrazeit machen? Stell dir mal vor, wie es ist, nie müde zu sein!

Noch erstaunlicher ist es, dass Agatha vom Kreuz, eine spanische Dominikanerin, die letzten acht Jahre ihres Lebens niemals schlief. Unglaublich! Das möchte ich auch! Ich möchte so dicht an Gott sein, dass auch mein Körper Anteil an dieser Glückseligkeit hat.

Aber die auf den HERRN harren, kriegen neue Kraft, dass sie auffahren mit Flügeln wie Adler, dass sie laufen und nicht matt werden, dass sie wandeln und nicht müde werden (Jes 40,18 ELB).

Oder wie es die VOICE-Übersetzung beschreibt:

Sie werden rennen – niemals aus der Puste, niemals müde sein. Sie werden laufen – niemals erschöpft, niemals matt sein.

Der Prophet Paul Cain sah, dass sich dieser Vers in den kommenden Tagen buchstäblich erfüllen würde. Paul empfing mit erstaunlicher Klarheit Visionen von der Ernte. In seinen filmähnlichen Erlebnissen sah Paul außergewöhnlich detailliert, dass es in Städten überall auf der Welt Treffen in Stadien geben wird. Bei diesen machtvollen Erweckungsversammlungen predigten unbekannte Leute tagelang ohne Unterbrechung die Geheimnisse Gottes. Mehrere Tage am Stück ruhten sie sich nicht aus, saßen niemals und zeigten trotzdem keinerlei Anzeichen von Müdigkeit oder Schwäche.

Das wird kommen! Ich glaube das und lebe dafür, dass es zustande kommt! Deshalb schreibe ich. Ich glaube, wir müssen uns bemühen, durchzubrechen und die Grenzen zu verschieben. Wir müssen anfangen, unser Vorstellungsvermögen in Bezug auf ein viel großartigeres Leben zu erweitern. Ein wildes, verrücktes Leben, das die Welt transformiert!

Nancy Coen, Ian Clayton und die historischen Heiligen beweisen, dass es möglich ist. Und darüber hinaus demonstrierte Jesus es und lud uns ein, es ihm gleichzutun. Wenn es möglich ist, dann möchte ich es erleben!

Ich fordere dich heraus, es zu glauben. Heute Abend, wenn du zu Bett gehst, lass dich auf den Himmel ein. Übe es beständig. Schlussendlich wird sich etwas Neues manifestieren. Kleine Schlüssel öffnen große Türen. Amen!

*Erweiterte Diskussion: Schlief Jesus?

Ich möchte euch einen Gedanken mitteilen, den der Vater mich durch Offenbarung lehrte. Fühl dich ganz frei, anders zu denken, wenn das bei dir keinen Widerhall findet. Wir sind alle völlig frei, das zu denken und zu glauben, was wir möchten.

Der Heilige Geist fragte mich: **„Denkst du, dass Jesus im Boot schlief?" (s. Lk 8,23).**

Ich wunderte mich darüber. Ich dachte an den Sturm, das hereinspülende Wasser, die Wellen, die laute Panik der Jünger. Das klingt nicht wirklich wie ein Moment, in dem man träumen kann. Mehr wie ein kaltes, durchnässendes Chaos! Wer könnte da schlafen?

Der Heilige Geist antwortete: „Er wurde in geistlicher Ekstase zum Vater hinaufgezogen.

Ich war erstaunt! Das ergab echt Sinn für mich.

Ich habe schon viele Jahre damit verbracht, mystische Theologie, Verzückungen und Trancen zu studieren, indem ich über das Leben der Heiligen lese. Ich wusste, dass man in den höheren Stadien des mystischen Gebets den physischen Körper nicht mehr wahrnimmt. Dann ist man losgelöst von den „normalen Sinneswahrnehmungen" und total übermannt von der göttlichen Liebe. In diesem Zustand kann es sogar sein, dass der Heilige fast tot erscheint und im Extremfall sogar nicht mehr atmet.

Ich schlug das Wort nach, dass Lukas für Jesu „Schlaf" verwendet hat. Er wählte in seinem Evangelium ein ungewöhnliches Wort. Im gesamten Neuen Testament wird es nur an dieser einen Stelle gebraucht. Das Wort, das er wählte, war „aphyphnoo" (Strongs G879).[6]

Es setzt sich aus zwei weiteren Wurzelworten zusammen. Das erste ist „apo", was „Abtrennung eines Teils vom Ganzen" heißt. Das zweite Wort „hypnos" ist die Wurzel, von der wir das Wort „hypnotisiert" ableiten, was ein schlafähnlicher Zustand ist. Es bedeutet auch „geistliche Erstarrung", was gleichbedeutend mit „einem Zustand von aufgehobenen physischen Kräften und Aktivitäten" ist.

Erstaunlich! Das passt fast vollständig zu den Beschreibungen, die wir in der katholischen Theologie über die mystischen Ekstasezustände lesen. Ich möchte euch nahelegen, dass es das ist, was mit Jesus im Boot geschah. Er nutzte diese Zeit auf dem Boot, um völlig in den Vater einzutauchen. Ich bin mir sicher, dass das oft geschah. Eine Pause mit Papa! Ein willkommener Rückzug von den Menschenmassen.

Ich sage damit nicht, dass Jesus niemals schlief, auch als Baby nicht. Was ich sage ist, dass er als reifer Sohn die Sklaverei des Schlafenmüssens überwand (s. Mt 26,40). Er war nicht dem Schlaf unterworfen. Er stammte aus einem höheren Ort und sogar die Nacht diente ihm.

Aber seine Freude ist das Gesetz des Herrn
Und über sein Gesetz meditiert er Tag und Nacht (Ps 1,2).

Tag und Nacht! Ich liebe das!
Auf geht's! Lass uns die Nacht zurückerobern!

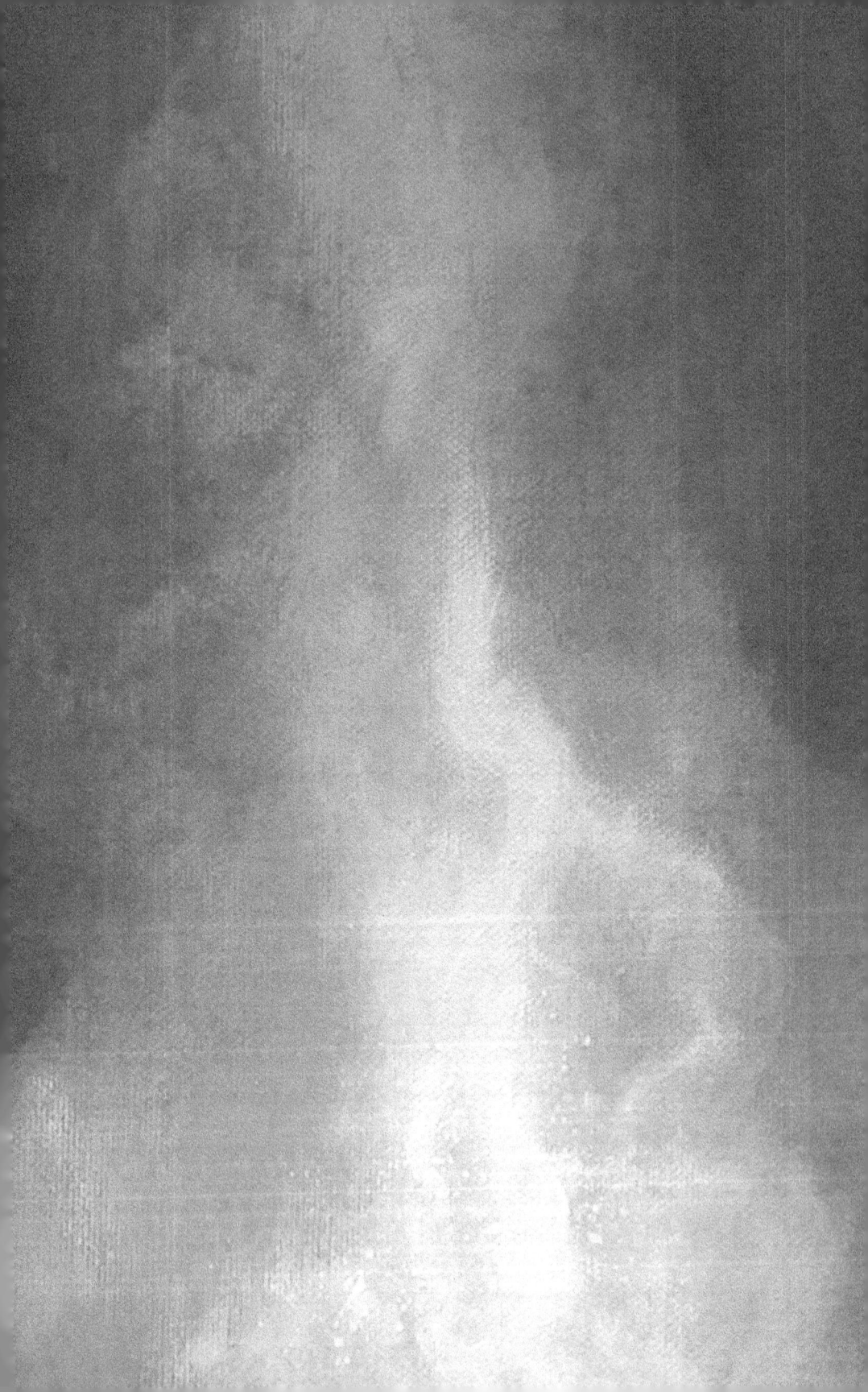

HERRSCHAFT ÜBER DIE SCHÖPFUNG

Und die Erde half der Frau, und die Erde öffnete ihren Mund und verschlang den Strom (Offb 12,16 ELB).

Unsere Ururgroßeltern Adam und Eva hatten ein mächtiges Mandat in Bezug auf die Schöpfung. Als intime Freunde Gottes erhielten sie den Auftrag, das Chaos auf der Erde zu bezwingen und das Land zu füllen (zu erneuern und zu nähren), damit es zurück in den Zustand der Schönheit und Freude von Eden kommt.

Seid fruchtbar und vermehrt euch, und füllt die Erde, und macht sie euch untertan (1Mose 1,28 ELB).

Was für ein ehrfurchterregender Plan! Kannst du dir heute unsere Erde vorstellen, wenn sie diese Aufgabe erfüllt hätten? Ich stelle mir oft die Erde in völlig geheiltem Zustand vor, wie Adams viele Nachkommen sich hinaus in den Kosmos bewegen, um andere Planeten und Sterne ebenfalls zurück zum Leben zu bringen. Ich stelle mir vor, wie der Mars wiederhergestellt und lebendig wird. Es wäre großartig gewesen, in dieser Ära geboren worden zu sein.

Leider wurden wir in eine andere Welt hineingeboren. Die Folge des tragischen Falls der Menschheit war, dass wir nun ein verkorkstes Verhältnis zum Planeten und den lebendigen Wesen auf ihm haben. Alles wurde völlig korrumpiert. Es wurde richtig hässlich! Dornen, harte Arbeit, Tiere, die andere Tiere töten.

Die Beziehung mit der Erde wurde durch Kains Mord an Abel noch stärker beschädigt. Als Kain Blut vergoss, zog die Erde ihre Kraft zurück.

Wenn du den Boden bearbeitest, wird er dir nicht länger seine Kraft geben (er wird sich weigern, gute Früchte für dich zu produzieren) (1Mose 4,12 AMP).

Das ist ein bemerkenswerter Vers! Die Erde ist in der Lage, uns zu widerstehen oder uns zu helfen. Das ist ein weiteres großes Geheimnis, das die Gemeinde größtenteils übersehen hat. Wir haben eine dynamische Beziehung mit der Erde. Sie reagiert tatsächlich auf uns! Irgendwie begreifen wir nicht, dass sie lebendig ist.

Paulus deutete sogar an, dass alle geschaffene Materie auf eine Weise Bewusstsein besitzt und auf uns wartet. Lies diese bekannte Stelle nochmals ganz langsam. Versuche das mal und nimm es in dich auf. Es ist unglaublich!

Denn die gesamte Schöpfung wartet, sehnt sich nach der Zeit, in der die Kinder Gottes offenbart werden. Wisst ihr, die gesamte Schöpfung ist in Inhaltslosigkeit zusammengefallen, nicht durch eigene Wahl, sondern durch Gottes Absicht. Dennoch hat Er in die Schöpfung *eine tiefe und beständige* Hoffnung hineingelegt, dass sie eines Tages von ihrer Versklavung unter die Vergänglichkeit befreit wird und die herrliche Freiheit der Kinder Gottes erlebt. Denn wir wissen, dass die gesamte Schöpfung *im Einklang* unter Geburtsschmerzen bis jetzt seufzt (Röm 8,19-22 VOI).

Die Schöpfung hat eine „tiefe und beständige Hoffnung", dass du deine Beziehung zu ihr erkennst und sie freisetzt. Mir ist klar, dass wir noch ganz am Anfang dieser Erkenntnis stehen.

Vielleicht, ganz vielleicht, sind wir jetzt bereit zu lernen. Als „KAINOS"-Söhne ist es vielleicht für uns jetzt an der Zeit zu erkennen, dass wir dazu geschaffen sind, uns Gottes kreativen Initiativen anzuschließen und der Natur zu helfen.

Der Prophet Bob Jones sagte oft: „Wir sind die Schutzschilde der Erde." Das ist unsere Aufgabe, unsere Rolle, die Erde vor Desaster zu beschützen.

**Denn die Schilde der Erde gehören Gott (Ps 47,9 NKJV).
Die Hüter der Erde gehören Gott (Ps 47,9 CEB).**

Wir sollten mit der Erde und der Natur innerlich „auf du und du sein."
Es gehört zu unserem Mandat, sie zu beschützen.

Der Prophet John Paul Jackson sagte:

Es gibt einen Grund dafür, dass Gott uns nicht einfach in Existenz sprach, so wie er es mit der Vegetation, den Tieren, dem Mond und den Sternen tat. Stattdessen entschied er, uns aus der Erde zu erschaffen. Er formte uns mit seinen Fingern – aus Mutterboden. Warum hat er das getan? Könnte es sein, dass die Menschen einen Bezug zur Erde und die Erde eine Beziehung mit uns hat, die wir noch nicht begreifen? Könnte es sein, dass sich unsere Entscheidungen, genauso wie bei Kain, auf die Erde auswirken?[1]

Die Bibel ist gerammelt voll mit Geschichten über die dynamische Beziehung, die wir mit der Schöpfung haben.

Und die Raben brachten ihm (Elia) Brot und Fleisch am Morgen und Brot und Fleisch am Abend, und aus dem Bach trank er (1Kön 17,6 ELB).

Und sie (die Tiere) gingen zu Noah in die Arche, je zwei und zwei von allem Fleisch, in dem Lebensodem war (1Mose 7,15 ELB).

Und Mose erhob seine Hand und schlug den Felsen mit seinem Stab zweimal; da kam viel Wasser heraus (4Mose 20,11 ELB).

Es gibt viele weitere Beispiele in der Schrift. Es scheint, dass die Bibel voll von dem ist, was die katholischen Theologen „Naturmystik" nennen! Es scheint, dass unser Schicksal mit der Schöpfung verbunden ist!

Jesus zeigte uns von Anfang an in seinem Dienst, dass wir ein Knotenpunkt für Natur und Himmel sein sollten. Schau dir Folgendes einmal an:

Und er war vierzig Tage in der Wüste und wurde von dem Satan versucht; und er war unter den wilden Tieren, und die Engel dienten ihm (Mk 1,13 ELB).

In einer Zeit von großer persönlicher Anfechtung versammelten sich

„wilde Tiere" und „Engel" um ihn herum. Erde und Himmel reagieren auf Sohnschaft.

Das ist das Vorbild für unsere neue Spezies. Wir sollen Harmonie zwischen den verschiedenen Bereichen bringen. Das Sichtbare und das Unsichtbare verbinden. Es gibt in uns eine magnetische Kraft, die die Schöpfung und den Bereich der Engel anzieht. Das ist das Gesetz des Lebens.

Jesus offenbarte uns auch, dass wir dazu bestimmt sind, das Wetter zu dirigieren, oder wie in 1. Mose steht: „… macht es euch untertan und herrscht darüber."

Er aber stand auf, bedrohte den Wind und das Gewoge des Wassers; und sie legten sich, und es trat Stille ein. Er aber sprach zu ihnen: Wo ist euer Glaube? Erschrocken aber erstaunten sie und sagten zueinander: Wer ist denn dieser, dass er auch den Winden und dem Wasser gebietet und sie ihm gehorchen? (Lk 8,24b-25 ELB).

Wenn die Natur aus der Balance geraten ist, dann ist das unsere Schuld.

Warum sage ich das?

Der Schlüssel liegt in der obigen Geschichte. Jesus tadelte sie und fragte sie im Grunde genommen, warum SIE nichts unternommen hatten. Sie hatten bereits Wunder gewirkt. Wo war ihr Glaube?

Manchmal ist unser Ruf nach Gottes Eingreifen eine niedrigere Wahrheit, als selbst in der Königreichsrealität zu wandeln. Wir sind dazu da, die Erde zu beschützen, und wenn wir sie liebevoll in unserem Herzen tragen, können wir sie gestalten.

Ich glaube, das trifft auch auf die meisten Erdbeben, Stürme, Dürren, heftigen Schneefälle etc. zu. Die Medien nennen sie oft „Handeln Gottes", aber ich sehe sie eher als „Resultate der Passivität der Ekklesia" an. Schließlich sind wir die Regierung, die „Schutzschilde" der Erde.

Das „Wettermanagement" ist ein wichtiger Teil des Lebens in diesem

Zeitalter. Wir sind schon des Öfteren daran beteiligt gewesen, das Wetter zu dirigieren, manchmal mit erstaunlichen Resultaten.

Vor einiger Zeit dienten wir in Brisbane, Australien, und der Himmel war total blau, ohne irgendein Wölkchen in Sicht. Sie sagten, es habe seit drei Monaten nicht geregnet. Ich war erstaunt. Ich fragte sie, warum sie den Zustand nicht abgeändert hätten. Sie schauten erstaunt bei dem Gedanken, es regnen zu lassen.

Wir beteten, dass es wieder regnen würde, aber erst, wenn wir in drei Tagen im Flugzeug nach Hause säßen. Wir wollten die Sonne so stark genießen wie eben möglich!

Drei Tage später auf dem Weg zum Flughafen konnten wir Sturmwolken am Himmel sehen. Es sah schön aus. Wir saßen im Flugzeug und als ich aus dem Fenster schaute, fiel Regen auf die Scheiben. Genauso, wie wir gebetet hatten! Wir lachten! Alles war perfekt!

Es gab auch Zeiten, in denen uns der Herr in strategischen Momenten bat, die Wetterbedingungen im Vereinigten Königreich zu ändern. Einmal hielten wir einen ganzen Winter lang die Schneestürme zurück. Es war erstaunlich. Das Wetterbüro hatte einen schlimmen Winter vorausgesagt. Die britischen Zeitungen konnten nicht begreifen, was los war. Anstelle von Schnee hatten wir Sonnenschein! Die Nummer 1-Verkäufe im Januar waren tatsächlich Salate und Grillgut.[2] Es war sehr lustig!

Dennoch managte Jesus nicht nur Stürme. Er herrschte auch über die Wildnis.

Und Simon antwortete und sprach zu ihm: Meister, wir haben uns die ganze Nacht hindurch bemüht und nichts gefangen, aber auf dein Wort will ich die Netze hinablassen. Und als sie dies getan hatten, umschlossen sie eine große Menge Fische, und ihre Netze rissen. Und sie winkten ihren Gefährten in dem anderen Boot, dass sie kämen und ihnen hülfen; und sie kamen, und sie füllten beide Boote, so dass sie zu sinken drohten (Lk 5,5-7 ELB).

Kannst du dir vorstellen, auf diese Weise angeln zu gehen? Warum nicht? Jesus ist unser Vorbild.

Und noch eine (recht bizarre und wunderbare) Geschichte:

Geh an den See, wirf eine Angel aus und nimm den ersten Fisch, der heraufkommt, öffne sein Maul, und du wirst einen Stater (Drachme) finden (Mt 17,27 ELB).

Jesus hätte die Münze in seiner Hand erschaffen können. Warum macht er das auf diese Weise? Vielleicht, weil er die Partnerschaft zwischen uns und der Schöpfung demonstrieren wollte? Wie auch immer, ich mag das!

Naturwunder endeten nicht mit Jesus. Die Heiligen liebten die Natur und die Natur liebte sie zurück. Vielleicht hast du schon Gemälde von Heiligen gesehen, die von Tieren umringt waren?

Die franziskanischen Mönche waren besonders engagiert, was die wilde Natur betraf. Sie liebten die Natur und Gott benutzte diese Liebe des Öfteren, um ganze Landstriche zu transformieren. In der folgenden Geschichte predigte St. Antonius in einer Stadt namens Rimini. Es handelte sich bei ihren Einwohnern um eine sture, schwierige Volksgruppe. Nach vielen Tagen anstrengenden Predigens hörten sie immer noch nicht zu.

Deshalb ging St. Antonius eines Tages, von göttlicher Inspiration geleitet, zum Flussufer. Als er am Ufer zwischen Fluss und Meer stand, fing er an, zu den Fischen zu reden, als sei er ein Prediger, der zu ihnen gesandt worden war: „Hört das Wort des Herrn, ihr Fische des Meeres und des Flusses, da diese ungläubigen Häretiker sich weigern, es anzunehmen." Als er das gesagt hatte, kam zu ihm am Flussufer eine riesige Menge von Fischen ... Sie alle streckten ihre Köpfe aus dem Wasser und schauten aufmerksam auf das Gesicht von St. Antonius. Und sie verharrten dort in großem Frieden und in freundlicher Ordnung ... Je länger St. Antonius predigte, desto größer wurde die Menge der Fische ... Die Leute aus der Stadt begannen, dorthin zu rennen, um dieses so außergewöhnliche und deutliche Wunder zu sehen; sie waren in ihrem Herzen tief betroffen und fielen alle zu den Füßen von St. Antonius nieder, um seine Worte zu hören.[3]

Wahrscheinlich waren die keltischen Heiligen aus Irland und Großbritannien die Gruppe von Heiligen, die die symbiotische

Beziehung mit der Natur am besten verstanden. Sie fühlten sich wesenhaft verwoben mit der Natur. Sie nannten den Heiligen Geist sogar Wildgans!

In dieser Geschichte war St. Cuthbert an einem sehr abgelegenen Ort, an den er gereist war, um isoliert lebende Menschen mit dem Evangelium zu erreichen. Wir nennen dies eine Abenteuerwanderung. Einen unbekannten Pfad verfolgen. Cuthberts junger Nachfolger fühlte sich schlecht, weil er Hunger hatte:

Cuthbert sagte ihm, er solle Mut fassen und Glauben haben: „Der Herr wird heute für uns sorgen. So wie er das immer tut." Dann zeigte er auf einen Adler, hoch über ihren Köpfen flog. „Schau dir den Vogel an, der hoch über uns fliegt. Möglicherweise erfrischt uns Gott durch den Dienst des Adlers." Der junge Mann war nicht sicher, was Cuthbert andeuten wollte. Aber als sie weiter am Ufer des Flusses entlang gingen, sahen sie, dass der Adler sich am Ufer mit einem Fisch in seinen Krallen niedergelassen hatte. Cuthbert sagte: „Renne und schau, welches Essen uns der Adler vom Herrn mitgebracht hat." Das tat der junge Mann und brachte einen großen Fisch mit, den der Adler aus dem Fluss erbeutet hatte. Aber Cuthbert sagte: „Was hast du getan, mein Sohn? Warum hast du unserer Magd nicht ihren Anteil gegeben? Schneide ihn schnell in zwei Hälften und gib ihr den Anteil, den sie verdient hat, weil sie uns gedient hat."[4]

Die Kelten respektierten die Schöpfung und verstanden unsere heilige Verbindung.

Naturwunder geschahen durch die gesamte Geschichte hindurch. Ich könnte ein ganzes Buch mit außergewöhnlichen Geschichten füllen. Hier nun eine aus jüngerer Zeit aus Mark Sandfords Buch: *Healing the Earth*. Mark war mit seinem Team auf einer Missionsreise nach Taiwan. Sie hatten große Probleme mit Insektenstichen. Mark brauchte dringend Hilfe:

Teammitglieder beklagten sich, dass die Moskitos sie nicht schlafen ließen. Dann kam mir der Gedanke, „Gottes ursprünglicher Plan für diese Kreaturen war sicher nicht, dass sie uns quälen! Und wenn Jesus dem Wind und den Wellen befahl, ruhig zu sein, dann sollte ich in seinem Namen zumindest in der Lage sein, den

Moskitos zu befehlen, dass sie nicht stechen." Da ich nicht aus Vermessenheit handeln wollte, bat ich Gott um Erlaubnis, bevor ich ihnen im Namen Jesus befahl, wegzubleiben. Am nächsten Morgen erwachte ich unversehrt aus einem traumlosen Schlaf, während ein sehr müde aussehender Mitarbeiter im angrenzenden Zimmer an seinen roten Flecken von Kopf bis Fuß kratzte.[5]

Vielleicht hätte Mark für das gesamte Team beten sollen! Ha! Wir müssen noch so viel lernen. Aber wir wachsen und ich denke, wir werden erstaunt sein, wie weit das alles noch führen wird. Wir müssen große Träume haben!

Interessanterweise lehrt das hebräische *Jubiläenbuch*[6], dass die Tiere zu Anfang mit den Menschen sprechen konnten und umgekehrt auch. Sie sprachen mit einer Stimme. Tragischerweise wird im Buch der Jubiläen auch beschrieben, dass diese Fähigkeit beim Sündenfall verloren ging. Als Adam fiel, fielen auch sie.

Ich glaube dennoch, dass wir durch unsere „KAINOS"-Natur wieder eine sprachliche Verbindung mit den Tieren entwickeln können. Unsere Sinne können erweckt werden:

Aber frage doch das Vieh, und es wird es dich lehren, oder die Vögel des Himmels, und sie werden es dir mitteilen, oder rede zu der Erde, und sie wird es dich lehren, und die Fische des Meeres werden es dir erzählen! (Hiob 12,7f. ELB).

Ich bin mir sicher, eines Tages werden auch die Tiere wiederhergestellt werden hin zu ihren ursprünglichen Fähigkeiten und in einer richtigen Beziehung mit uns. Sie haben einen großen Anteil bei der Entstehung der transformierten Erde. Kinder werden mit Schlangen spielen und Löwen werden Stroh essen (s. Jes 11,7-9 und 65,25). Erstaunlich!

Wir müssen ALLES, was zum Evangelium gehört, wiedererlangen. Jesus kam, um das Verlorene zu retten. Das schließt die Erde, die Pflanzen und die Tiere mit ein.

Gott war in Christus. Er wirkte durch Christus, um die GANZE WELT wieder zurück zu sich zu bringen (2Kor 5,19 NLV). Gott brachte die Welt in Ordnung mit sich selbst durch den Messias und schenkte der WELT einen Neustart...(2Kor 5,19 MSG).

St. Maximos begriff, dass wir mit der Zukunft des Universums verwoben sind.

Der Mensch ist nicht isoliert vom Rest der Schöpfung. Gerade durch sein Wesen ist er mit dem gesamten Universum verbunden.... Auf seinem Weg zum Einssein mit Gott lässt der Mensch die Kreaturen keinesfalls außer Acht, sondern er nimmt in seiner Liebe den gesamten Kosmos auf, der durch die Sünde entstellt wurde, damit dieser durch Gnade verklärt wird.[7]

Das ist wunderschön! Verklärt durch Gnade! Ich liebe diesen Satz. So viel Lieblichkeit!

Wenn wir erwachen, wird die Erde erblühen und sichtbar reagieren. Sie wird lebendig werden!

Denn in Freuden werdet ihr ausziehen und in Frieden geleitet werden. Die Berge und die Hügel werden vor euch in Jubel ausbrechen, und alle Bäume des Feldes werden in die Hände klatschen (Jes 55,12 ELB).

Wenn wir die Schöpfung in unserem Herzen tragen, werden wir sehen, dass sie lebendig ist und bereit, auf uns zu reagieren!

Die Herausforderung besteht darin, unsere Beziehung zur Natur zu ändern. Das ist ein Wort für JETZT. Das wird den Unterschied machen zwischen Ordnung und Chaos, Regen oder Dürre, Sturm oder Ruhe.

Wir sind die ‚Hüter der Erde'!

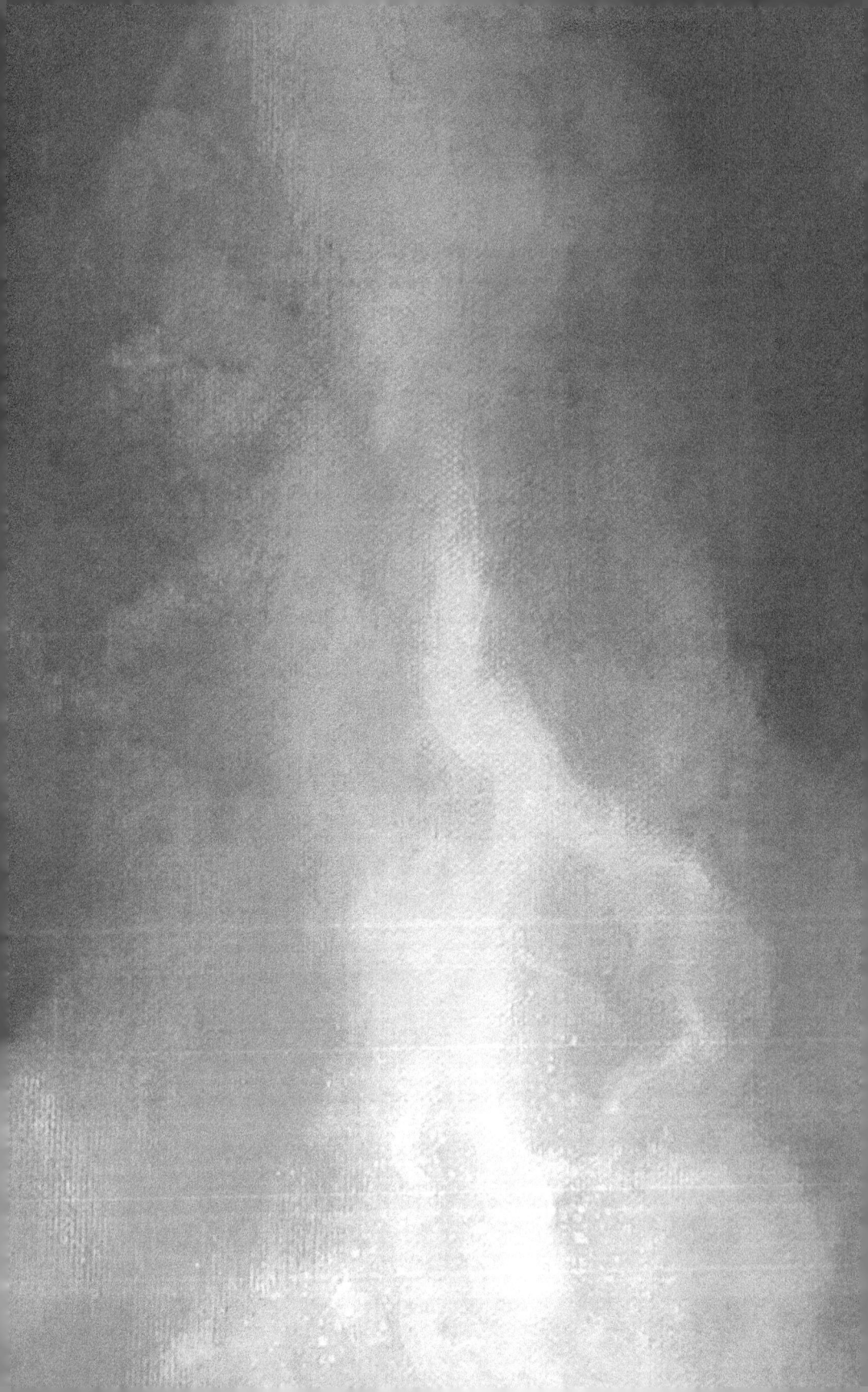

> **Dann gab es einen Krieg im Himmel: Michael und seine Engel kämpften gegen den Drachen. Der Drachen und seine Engel schlugen zurück (Offb 12,7 CEB).**

Wir nähern uns dem Ende des Buchs. Ich hoffe, du hast es bisher genossen. In den nächsten beiden Kapiteln möchte ich dir helfen, dich auf den kommenden Kampf vorzubereiten. Neben unserer Freude müssen wir auch stark sein in der Macht seiner Stärke. Ja, es gibt einen Kampf. Jesus hat gesagt:

Dies habe ich zu euch geredet, damit ihr in mir Frieden habt. In der Welt habt ihr Bedrängnis; aber seid guten Mutes, ich habe die Welt überwunden (Joh 16,33 ELB).

Die Wahrheit ist, dass wir in einen himmlischen Konflikt hinein wiedergeboren wurden, einen Kampf, der schon bestand, bevor Adam überhaupt geschaffen wurde. Einen Kampf, der den Kosmos zerstört hat und das Sonnensystem so reduziert hat, dass es nur noch ein Schatten dessen ist, was es einst war.

Aus diesem chaotischen Durcheinander erwählte Gott einen kleinen unbedeutenden Ort, um den Prozess der Wiederherstellung der Schöpfung in Gang zu setzen. Einen Ort, der ausschlaggebend für die Zukunft aller erschaffenen Dinge ist: die Erde.

Adam wurde in eine Kriegszone gepflanzt!

Wir wissen, was danach geschah. Die Menschheit fiel und das Chaos nahm wieder die Oberhand. Pflanzen und Tiere wurden wild. Die natürliche Grundordnung von Frieden wurde von Überlebenskampf und Konkurrenz unterdrückt. Satan saß wieder ganz oben auf seinem kleinen Berg. Übermütig und stolz.

Andere Wesen schlossen sich, von Satans Stolz inspiriert, der Rebellion auf der Erde an. Sie wurden die Wächter genannt. Manche Leute nannten sie Engel oder Götter. Was wir wissen, ist, dass sie ihre ihnen zugedachte Dimension verließen und auf die Erde kamen, ganz bewusst gegen den Willen Gottes. Sie lehrten die Menschen bestimmte Technologien und okkulte Künste. Ihre Geschichte findet man im äthiopischen Buch Henoch.

Schaut und seht, was Azazel (der Wächter) der Erde angetan hat – er hat Unrecht gelehrt und ewige Geheimnisse offenbart, die einst dem Himmel vorbehalten waren... In der Tat sind alle von ihnen hingegangen und haben mit Menschentöchtern ‚geschlafen' und sich selbst befleckt und die Menschen alle Arten von Sünde gelehrt. Jede Frau hat einen Riesen an Statur zur Welt gebracht. Jetzt sind sie fehlgegangen und haben viele getötet und ihr Blut auf dem Boden vergossen und es gibt viel Ungerechtigkeit.[1]

Dies wurde zur Zeit Noahs wirklich auf die Spitze getrieben und endete in einem gewaltigen Chaos. Die Erde wurde von dämonischen Mächten, DNA-Mischlingswesen, Mächtigen und kannibalistischen Riesen regelrecht vergewaltigt. Überall hatte sich die Menschheit komplett der Gesetzlosigkeit, dem Okkultismus und durchtriebener Bosheit unterworfen.

Und der HERR sah, dass die Bosheit des Menschen auf der Erde groß war und alles Sinnen der Gedanken seines Herzens nur böse den ganzen Tag. Und es reute den HERRN, dass er den Menschen auf der Erde gemacht hatte, und es bekümmerte ihn in sein Herz hinein (1 Mose 6, 5-6 ELB).

Zu diesem Zeitpunkt wurde dann die Erde überflutet. Manche nehmen an, dass es damals sechs Milliarden Menschen gab, mit vermischter DNA und hoch technologisiert. Die einzigen Überlebenden waren Noah und seine Familie. Sie entkamen durch göttliche Intervention.

Es ist ein verstörender Gedanke, dass Jesus gesagt hat, dass seine Rückkehr von einer Generation gekennzeichnet sein wird, die der aus der Zeit Noahs ähnelt. Es ist heftig, wenn man Henoch liest und sich mit der Zeit befasst, in der sie damals lebten. Zeiten großen Konflikts zwischen Licht und Finsternis.

Jesu hebräische Zuhörerschaft war mit dem Buch Henoch und mit der alten Geschichte vertraut. Ihnen waren die Konsequenzen klar. Sie wussten, das bedeutet, dass eine verrückte Zeit bevorsteht!

Wenn wir in Weisheit wachsen und Zeit in der Herrlichkeit verbringen, dann erhalten wir vom Himmel selbst Unterweisung und Lehre über diesen verborgenen Konflikt. Dann wird der Vorhang zurückgezogen und wir beginnen zu sehen, dass bei vielem in der Welt mehr dahintersteckt.

2003 wurden mir unerwartet die Augen geöffnet. Das fing mit einer Serie von Träumen an.

Mir wurden detailliert einige zukünftige Ereignisse gezeigt. Ich sah die ökonomische Depression des letzten Jahrzehnts. Die Ausbreitung des islamischen Sharia-Gesetzes im Westen. Die Legalisierung von Cannabis und vieler anderer Drogen durch die Regierung. Die Ablösung der Homo-Ehe durch Gruppenehen. Ich sah auch, wie Pornografie die Mainstream-Medien erreichen und sogar versuchen wird, die Kinder zu fesseln. Ich sah viele andere Dinge. Einschließlich der Pläne für eine angebliche islamische Erweckung und eine westliche Version des Islams, die die Modewelt und die Promi-Kultur beeinflusst. Ich konnte nicht mehr einfach so weiter machen, als wäre alles noch in Ordnung. Denn das war es nicht!

Diese Erlebnisse drängen mich immer noch dazu, Alarm zu schlagen. Ich hasse die Apathie und Selbstgefälligkeit unserer Schrott-Fernsehkultur. Wir lassen uns einfach nur noch berieseln. Ich glaube, es gibt viel mehr für unser Leben. Ich spüre das und kann nicht mehr ohne das leben! Es gibt mehr!

Der geachtete Prophet Paul Keith Davis hat auch schon viele sehr profunde Visionen und Träume in Bezug auf diese kritische Zeit gehabt. Als er eines Nachts im Bett saß, fiel er in eine Art von visionärer Trance:

Bei diesem Erlebnis sah ich die Hölle. Ich schaute hinab in die Hölle. Ich konnte eine unsichtbare Macht erkennen, ... die so eine Art Abdeckung über einem Erdloch wegnahm. Ich sah dieses große, runde, eiserne Tor in die Abgründe der Hölle. In dieser

Erfahrung nannte ich es den Höllenschlund. Ich sagte etwas wie: „Irgendjemand muss das aufhalten!" Ich schrie, damit jemand den Deckel wieder draufsetzte.

Ich sah, wie dort böse Geister in Strömen herauskamen ... Ich konnte sogar einige Personen erkennen. Sie sahen irgendwie wie Erscheinungen von Adolf Hitler und Joseph Stalin und andere Tyrannen aus, Menschen, die eine dämonische Salbung hatten. Ich sah, wie sie aus der Hölle hochstiegen.

Irgendwie wurde mir auch gewährt zu sehen, wie diese Geister in einer sehr realen und sichtbaren Weise Menschen in ihren Schlafzimmern erschienen ... ob das nun in Träumen oder in anderen Erfahrungen war, ich sah das Böse in einer völlig neuen Form, so wie ich es noch nie gesehen hatte. Sie begannen, sich in den Räumen dieser Menschen zu manifestieren. Ich sah, wie sie diese Leute trainierten, in Bereichen von Finsternis so stark zu wandeln, wie wir es bisher noch nicht erlebt haben.

Schau dir die Nachrichten an; ich möchte meinen, das hat schon begonnen. Wer hätte gedacht, dass Gruppen wie die ISIS in Syrien und im Irak zu solch unmenschlichen Dingen fähig sind und das auch noch per Internet überall auf der Erde verbreiten? Die Videos und die Geschichten sind völlig unbegreiflich. Schockierend!

Paul Keith fährt fort:

Als es fast unerträglich wurde, sagte ich: „Ich kann mir das nicht mehr anschauen!" Ich hörte eine dröhnende Stimme aus dem Himmel, die sagte: „Die Söhne des Lichts müssen auf die gleiche Weise darauf reagieren!" Ich sah, wie Engel aus dem Himmel kamen... Das sind Engel, die für die Endzeitkonfrontation aufgespart wurden. Sie stehen schon seit langem in der Gegenwart des allmächtigen Gottes... ich sah, wie diese Engel aus dem Himmel kamen und sich in den Schlafzimmern von Menschen manifestierten...Ich sah, dass sie Einzelne trainierten, wie man in der Herrlichkeit wandelt, in den Geistbereich gelangt und wie man wie Johannes sagen kann: „Ich war im Geist am Tag des Herrn." Johannes wusste etwas! Er kannte das Geheimnis, wie man in den Geist gelangt![2]

Möchtest du das nicht auch?

Kürzlich hatte ich einen sehr bedeutsamen Visionstraum über diesen Kampf. Es war, als befände ich mich in einem 3D-Film. Dämonische Mächte kämpften auf Berggipfeln gegen uns. Sie sahen wie die hässliche Ork-Armee aus „Herr der Ringe" aus. Sie kämpften so heftig, dass es irreal wirkte. Wir waren mittendrin im heftigen Kampfgeschehen. Ein gewaltiges Aufeinanderprallen. Es ging richtig zur Sache!

Dann bewegte sich der Blickwinkel nach oben wie ein Adler. Ich sah, warum es so heftig war. Ich sah, dass die Orks auf der Bergspitze waren und völlig umzingelt. Es war ihr letzter Widerstand. Sie konnten nirgendwo hinrennen. Sich nirgendwo verstecken. Sie waren absolut panisch und kämpften um ihr nacktes Überleben.

Dann nahm ich eine hörbare Stimme wahr, die über das Schlachtfeld rief: „Es ist Zeit AUFZUWALLEN!" Ich sah in der Vision, dass alles ganz schnell vorbei sein wird, wenn die Kräfte des Lichts gemeinsam vorgehen. Wenn wir uns vereinen und wie ein Mann vorangehen würden, wäre der Kampf vorbei! Später fand ich heraus, was das Wort ‚aufwallen' bedeutet: „eine starke, wellenartige Vorwärtsbewegung." Das ist es, was geschehen muss.

Unser Freund Ian Clayton blüht bei Auseinandersetzungen regelrecht auf. Er hat keine Angst vor den Dämonen und ist sie schon oft im Kampf siegreich angegangen. Er nennt das ganz fröhlich: „Schreddern!" Auf unserer Konferenz in Großbritannien sagte Ian Folgendes:

Unser großes Problem ist es, dass wir die Leute (in unseren Gemeinden) hauptsächlich über Errettung gelehrt haben. Wir haben sie angeleitet und fit gemacht, ihr Leben auf der Erde zu meistern. Das ist es, was hauptsächlich in Gemeindekreisen stattfindet.

Mein größtes Problem damit ist, dass du nur (wirklich) auf der Erde leben kannst, wenn du das Leben in den Himmeln begriffen hast. Denn, was immer im Himmel geschieht, hat die absolute Oberhand und prägt das, was auf der Erde passiert.

Was immer im Geistbereich geschieht, verändert das, was auf der Erde stattfindet. Die Einflüsse dort oben diktieren die Ereignisse auf der Erde.

Bis wir begriffen haben, dass wir an diesen Orten herrschen und unsere Position einnehmen sollen, werden wir weiterhin erleben, dass sich die gefallene Natur auf der Erde breitmacht.[3]

Die neue Welt kommt nicht widerstandslos. Dieser Kampf wird gewonnen oder verloren in vielen sichtbaren und unsichtbaren Dimensionen von Existenz. Es ist an der Zeit, die Wege des Himmels zu lernen. Sich mit den Angelegenheiten des Vaters zu befassen, mit Gerechtigkeit, Friede und Freude!

(Jesus sagte) Ich sah Satan fallen, wie ein Blitz vom Himmel. Seht ihr, was ich euch gegeben habe? Sicheres Passieren, wenn ihr über Schlangen und Skorpione lauft, und Schutz vor jedem Angriff des Feindes. Niemand darf Hand an euch legen (Lk 10,19 MSG).

Die Herrlichkeit des Evangeliums ist, dass Gott jetzt siegreich in uns und durch uns lebt. Wir haben nun Anteil an der Freude der Gerechtigkeit. An der Freude, die Werke der Finsternis zu zerstören. Böse Mächte sind nun in Christus weit unter uns. Ihre Macht ist begrenzt. Mit einfachen Worten – das Licht gewinnt!

Jesus ist das Vorbild. Er zerschmetterte und demütigte den Feind.

Er entblößte am Kreuz alle geistlichen Tyrannen im Universum von ihrer falschen Autorität und ließ sie nackt durch die Straßen laufen (Kol 2,15 MSG).

Wir sollten seinem Beispiel folgen. Hast du nicht genug davon, herumgeschubst zu werden? So wie Bill Johnson sagt:

Satan ist in jeder Hinsicht eingeschränkt. Gott gab ihm Gaben und Fähigkeiten bei seiner Schöpfung. Es gab niemals ein Kräftemessen zwischen Gott und Satan. Der gesamte Bereich der Finsternis könnte mit einem einzigen Wort für immer ausgelöscht werden. Aber Gott entschied, ihn durch diejenigen zu besiegen, die in sein Ebenbild geschaffen wurden – die, die Gott aus freier Entscheidung anbeten.[4]

Wir sind diejenigen, die dazu bevollmächtigt wurden, die Zukunft zu gestalten. Wenn die Welt im Chaos versinkt, dann liegt das daran, dass wir das Evangelium noch nicht begriffen haben. Wir haben noch nicht völlig verstanden, dass:

Jesu Hauptaufgabe mit diesem einen Satz zusammengefasst werden kann: „Aus diesem Grund ist der Sohn Gottes erschienen, dass er die Werke des Teufels zerstöre" (1Joh 3,8). Das war Jesu Auftrag. Das war der Auftrag der Jünger und das ist auch dein Auftrag. Gottes Absicht mit deiner Errettung war nicht, dich einfach nur zu retten und zu beschäftigen, bis du in den Himmel befördert wirst. Sein Plan war viel größer. Er beauftragte dich damit, den Willen Gottes zu demonstrieren „wie im Himmel so auf Erden". Dass du dabei mithilfst, diesen Planeten zu einem Ort umzugestalten, der leuchtet und von seiner Kraft und Gegenwart durchtränkt ist. Das ist das Rückgrat des Missionsbefehls und das sollte dein und mein Leben definieren.[5]

So wie der britische prophetische Songwriter Godfrey Birtill sagt:

Genug – ist genug – ist genug – ist genug!![6]

Die Zeit der Vergeltung ist gekommen! Kannst du das im Geist spüren?

Unsere Generation wurde für den Kampf geboren. Und für den Sieg.

Dein Volk wird sich willig anbieten (um an deinem Kampf teilzunehmen) am Tage deiner Macht (Ps 110,3 AMP).

Es kommt eine gewaltige Auseinandersetzung auf uns zu. Fürchte dich nicht. Gott lebt in dir!

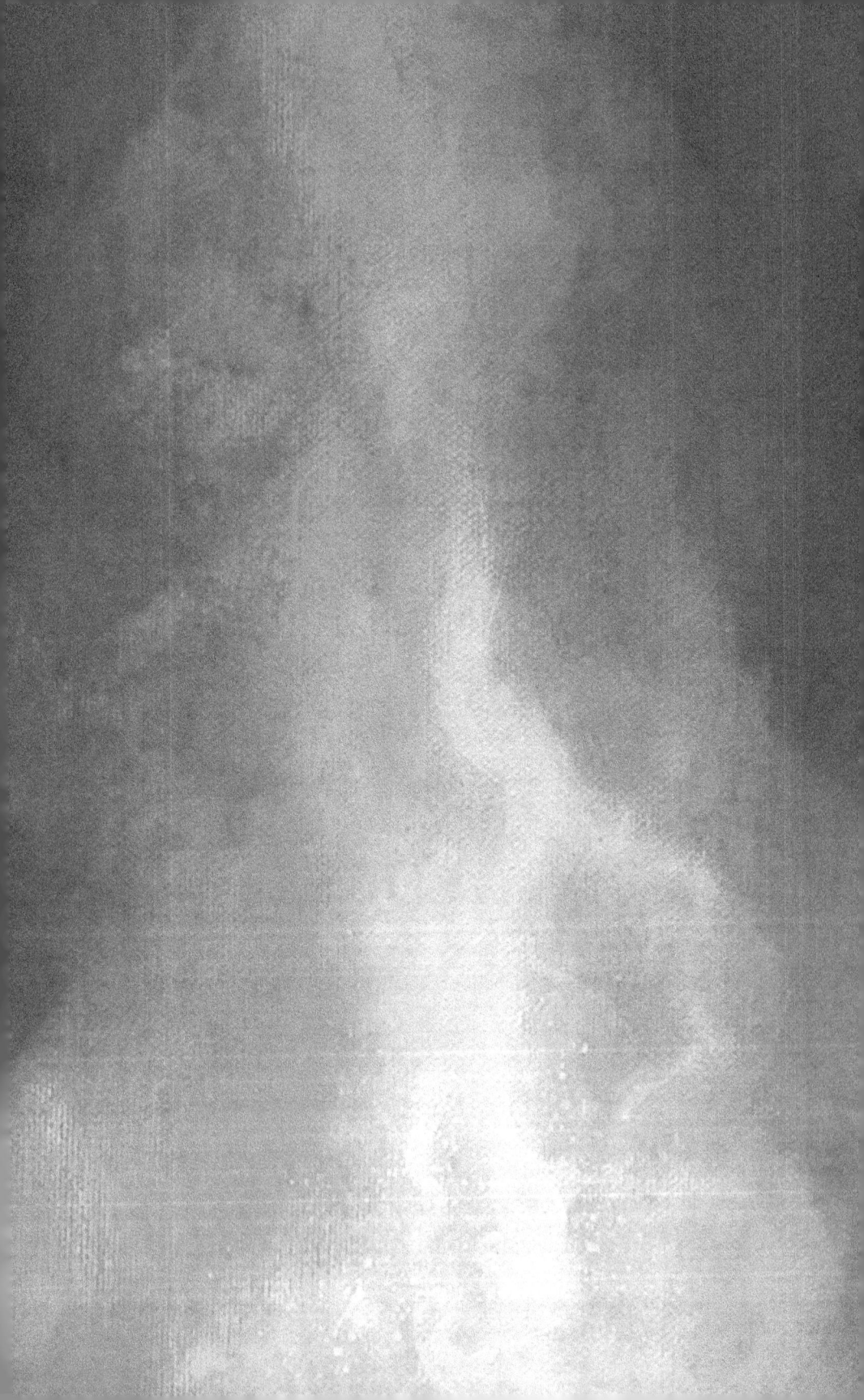

Denn wir kämpfen nicht gegen Menschen, sondern gegen Herrscher, Autoritäten und kosmische Kräfte (Eph 6,12).

Im letzten Kapitel wurde uns bewusst, dass die „KAINOS"-Welt nicht ohne Kampf kommt und dass diese Generation dafür gemacht ist! Wir haben einen brennenden Gerechtigkeitssinn im Blut und wir haben Glauben, der aus unseren Herzen explodiert. Das Kreuz hat uns zum Sieg verdammt! Er ist unausweichlich!

So wie das Licht des Morgengrauens über die Berge wandert, kommt eine gewaltige Armee hervor. Es gab bisher nichts wie sie und es wird auch nie mehr etwas Vergleichbares geben... Unerschrocken und furchtlos, unbeirrbar, unaufhaltsam (Joel 2, MSG).

Bist du bereit? Ich möchte dir helfen. Lass uns gemeinsam einige echte geistliche Kriegsszenarien anschauen. Du kannst alles Fehlende ergänzen. Erinnere dich daran, dass unser Kampf nicht gegen Menschen geht und dass er auch nicht auf die physische Welt begrenzt ist.

Wir kämpfen nicht nur gegen Feinde aus Fleisch und Blut. Nein, dieser Kampf ist gegen Tyrannen, Autoritäten, übernatürliche Kräfte und dämonische Herrscher, die sich in der Finsternis dieser Welt herumtreiben, gerichtet. Und gegen böse geistliche Armeen, die an den himmlischen Orten umherschleichen (Eph 6,12 VOI).

Um über diese Dinge sprechen zu können, müssen wir ein bisschen „strange" werden.

Lass uns ehrlich sein. Wenn du im Geist lebst, wirst du ein paar richtig schräge Dinge sehen. Manche Menschen behaupten, dass sei alles mythisch, alles ausgedacht. Sie täuschen sich gewaltig! Das alles ist sehr real.

Etwas anderes erschien am Himmel. Es war ein großer, roter Drachen mit sieben Köpfen und zehn Hörnern und einer Krone auf jedem der sieben Köpfe (Offb 12,3 CEV).

Das Buch der Offenbarung zu lesen, ist so als würde man in eine wilde Fantasy-Geschichte eintauchen. Es ist verrückt!

Ich hörte die Stimme des vierten lebendigen Wesens, die sprach: „Komm und sieh." Und so schaute ich und sah ein fahles Pferd. Der Name desjenigen, der auf ihm saß, war Tod und der Hades begleitete ihn (Offb 6,7 ELB).

Wenn du schnell die Nerven verlierst, ist dieses Kapitel vielleicht noch nicht geeignet für dich. Dann lies es später.

Ich werde einfach ehrlich sein. Ich habe nie nach diesen Dingen gestrebt. Ich bin Gott hinterhergejagt. Habe Jahre damit verbracht, in seiner Gegenwart zu „soaken". Mit der Zeit erkannte ich mehr und mehr, wie die Welt funktioniert.

Wir mussten langsam lernen, mit all dem Schrott umzugehen. Merkwürdige Wesen wie z.B. Drachen, transdimensionale Kreaturen, Wassergeister, dämonische Besessenheit, Stürme, dunkle Himmelskörper und Kugeln, Dinger, die wie dünne, große menschenfressende Unholde aussahen, sogar menschliche Hexen. Der Kampf kam zu uns!

In der natürlichen Welt wurden wir von ärgerlichen Menschenmengen bedrängt. Haben gesehen, wie religiöse Menschen rot vor Wut anliefen. Wurden auf der Straße fast verhaftet. Jemand versuchte, mich auf einem Jugendtreffen in Frankreich umzubringen. Alles von dämonischen Mächten ausgelöst. Diese Dinge sind real!

Auf der Erde gibt es sehr viel Schrott. So ist es im Moment eben.

Bis zur Wiederherstellung aller Dinge haben wir einen Kampf

zu kämpfen und eine Welt zu transformieren. Wenn du die Berge einnehmen willst, musst du alle falschen Götter, die sich möglicherweise dort aufhalten, rausschmeißen. So ist es einfach.

Diese dunklen Mächte widerstehen dem Himmel schon seit ewigen Zeiten. Sie sind übermütig und stolz. Überzeugt, dass sie nicht vertrieben werden können. Ich habe einen „Kabalen" im Geist besucht. Sie sind die arrogantesten, selbstbewusstesten Wesen, die du dir vorstellen kannst. Ich kann dir gar nicht sagen, wie stolz sie sind. Aufgemotzt gekleidet, egoistisch und aufgeblasen. Sie ernähren sich vom Staub der Menschheit.

Es wird herrlich sein zu sehen, wie ihre Ära zu Ende geht! Kannst du dir das vorstellen?

Um zu verstehen, wie man diesen Krieg gewinnt, müssen wir wieder Jesus anschauen. Jesus wurde vom Geist in den Kampf geleitet. Es ist tatsächlich Gott selbst, der uns für den Sieg rüstet.

Und Jesus verließ voll des Heiligen Geistes den Jordan und wurde vom Geist in die Wildnis geführt. Vierzig Wüstentage und -nächte wurde er vom Teufel getestet (Lk 4,1 MSG).

Das ist der Ort von ultimativer Sicherheit und Freude. Im Geist zu leben. Reife bedeutet, geleitet zu sein.

Denn alle, die vom Geist Gottes geleitet sind, sind (reife) Söhne Gottes (Röm 8,14).

Und was geschah dann? Der prophetische Autor Rick Joyner hat dazu einige Eindrücke. Rick sah in einer Serie von Erlebnissen, was geschah. Er beschrieb das im Buch *When God Walked the Earth*.[1]

Jesus wandelte in der Wüste unter einer Wolke von Dunkelheit, wie man sie auf der Erde niemals zuvor gesehen hatte. Dämonen aller Art schwärmten überall durch die mittleren Himmel und über der Wildnis.

Rick sah dämonische Horden, die in der Region umherschwirrten und Schwere und Depression über dieses Gebiet brachten. Sie verursachten Disharmonie und Stürme. Schließlich erschien Satan. Er hatte nur das eine Ziel, Jesus dazu zu verführen, vom Willen des Vaters abzuweichen.

Luzifer stand dort in seinem herrlichsten Gewand – so umwerfend schön, wie es sich kein irdischer König jemals vorstellen könnte. Sein Gesichtsausdruck war so freundlich und anziehend, dass jedes Kind direkt zu ihm gelaufen wäre. Jesus erkannte ihn sofort und stand auf, um ihm entgegenzutreten.

Jesus ließ sich nicht von Aussehen und Verführungskünsten beeinflussen. Er blieb ganz demütig dem Vater gehorsam. Verankert in Liebe. Willig, um der Menschheit willen zu leiden. Er sah in uns etwas, das für ihn wertvoll genug war, um sein Leben dafür niederzulegen. Er sah, was aus uns werden würde. Seine Braut.

Ich liebe das, was Rick als Nächstes sah. Es ist so schön. Total erfreut über den Sieg stellten sich Michael und die Engel in der Wüste auf, um ihn zu trösten und zu ehren. Der Himmel öffnete sich.

Tausend Meilen weit in jede Himmelsrichtung glitzerte der Himmel von den Schwertern der Engelsheere, die sie gezückt hatten, um ihm zu salutieren. Im Himmel selbst war die Herrlichkeit dieses Festes größer, als irgendjemand es je miterlebt hatte. Jeder Engel, jeder Cherub, jedes geschaffene Wesen im Himmel sang, tanzte und war außer sich vor Freude. Die Wahrheit hatte gesiegt!

Als Jesus anfing, auf der staubigen Straße in der Wüste zu wandern, konnte er nun das Wohlgefallen des Vaters spüren. Alle Engel, die sich mit ihren gezückten Schwertern zum Salut an der Straße aufgestellt hatten und sich auf einem Knie kniend verbeugten, konnten ebenfalls das Wohlgefallen des Vaters spüren. Das war die Speise der Engel. Stunden zuvor war es die dunkelste Zeit gewesen und nun die hellste. Wie schnell sich alles verändert hatte!

Ich liebe das. Fasse Mut, mein Freund, meine Freundin, wenn du dich auch in einer Zeit von Versuchung befindest. Halte fest. Der Sturm wird vergehen. Gott ist treu und wird dich hindurchführen mit ganz viel Freude und Ehre!

Das Weinen mag eine Nacht lang anhalten, aber am Morgen kommt Freude (Ps 30,5).

Die Urgemeinde nahm in der Nachfolge Christi riesige Territorien ein. Die 120 waren unaufhaltbar. Je mehr die Finsternis widerstand, desto größer war die Ausbreitung der Gemeinde. Sogar das Märtyrertum vermehrte das Feuer und dieses breitete sich im gesamten Römischen Reich innerhalb einer Generation aus.

Es entstanden kleine mutige Gemeinschaften, die die Korruption Roms ablehnten. Das waren die „Wüstenväter". Du hast vielleicht schon von ihnen gehört? In der Wüste fanden sie Eden.

Einer der ersten von ihnen war St. Antonius aus Ägypten.[2] Er gab sich tiefem Gebet und Fasten hin. In seinem bescheidenen Zuhause, ganz allein, kämpfte sich Antonius durch extreme dämonische Angriffe.

Da war plötzlich ein lautes Getöse, das den Ort stark erschüttern ließ: In den Wänden erschienen Löcher und eine Horde verschiedener Dämonen strömte durch sie herein. Sie nahmen die Gestalt von wilden Tieren und Schlangen an und erfüllten in einem Augenblick den gesamten Ort mit gespenstischen Wesen in Form von Löwen, Stieren, Wölfen, Vipern, Schlangen, Skorpionen und sogar Leoparden und Bären. Sie alle gaben die Laute von sich, die ihrer jeweiligen Natur entsprachen... Das Gesicht jedes Wesens hatte einen wilden, bösen Ausdruck und ihre heftigen Laute klangen furchterregend.

Antonius, der geschlagen und zerfleischt worden war ... blieb furchtlos, völlig konzentriert und aufmerksam... und obwohl die Wunden in seinem Fleisch ihn zum Stöhnen brachten, behielt er diese Haltung und sprach, als wolle er seine Feinde verhöhnen: „Wenn ihr irgendwie Einfluss habt, wenn der Herr euch Macht über mich gegeben hat, hier bin ich: Verschlingt mich. Aber wenn ihr das nicht könnt, warum bemüht ihr euch dann so sehr völlig umsonst? Denn das Zeichen des Kreuzes und der Glaube an den Herrn ist für uns eine Mauer, die keiner eurer Angriffe niederreißen kann."

Trotz seiner großen Shows ist der Feind begrenzt. Das Kreuz hat bereits jeden Kampf gewonnen. Dieser liebe Heilige, der von Liebe motiviert war, betete einfach weiter die Psalmen und schaute auf Jesus.

Antonius erhob seine Augen. Er sah, wie sich das Dach über ihm

öffnete, und während die Dunkelheit wich, durchflutete ihn ein Lichtstrahl. Sobald dieses helle Licht erschien, verschwanden alle Dämonen und auch die Schmerzen in Antonius' Körper hörten schlagartig auf. Zudem wurde das Gebäude, das kurz zuvor zerstört worden war, wiederhergestellt. Antonius begriff sofort, dass der Herr gegenwärtig war. Während er aus tiefster Seele seufzte, sprach er das Licht an, das ihm erschienen war: Wo warst du, guter Jesus? Wo warst du? Warum warst du nicht von Anfang an da, um meine Wunden zu heilen? Da sprach eine Stimme zu ihm: ‚Antonius, ich war da, aber ich wartete, um deine Bemühungen zu beobachten. Aber nun werde ich dir immer helfen, weil du so tapfer in diesem Kampf warst, und ich werde dich auf der ganzen Erde berühmt machen... Antonius war zu jener Zeit fünfunddreißig Jahre alt.

Jesus stand zu seinem Wort. Antonius' kleines Leben hatte enorme Auswirkungen. Inspirierte zahlreiche Menschen dazu, klösterliche Gebetsgemeinschaften zu gründen. Er inspirierte die keltischen Heiligen, die Franziskaner und viele andere. Sogar Rom suchte seinen Rat.

Tatsächlich war es so, dass Satan von Antonius so ‚platt gemacht' worden war, dass er zu seinem Haus kam, an der Tür klopfte und ihn bat, aufzuhören. Das ist unglaublich! Satan sagte (in Form eines Mönchs):

Ich bin wirklich bedauernswert. Ich bitte dich, hast du nicht gelesen, dass die Schwerter des Feindes für immer zerbrochen sind und dass du ihre Städte zerstört hast. Schau, ich habe jetzt keinen Ort mehr, an dem ich sein kann. Ich besitze keine Stadt. Ich habe jetzt keine Waffen mehr. Durch alle Nationen und Provinzen ertönt der Name Jesus und sogar die Wüste ist übervoll mit Mönchen.

Kein Wunder, dass der Herr über ihn lacht (Ps 2,4). Kannst du sehen, wie sehr er von Jesus gedemütigt wurde? Ich lasse Antonius erzählen, was dann als Nächstes geschah.

Dann verwunderte ich mich und freute mich über Gottes Gnade und sprach den Dämon mit folgenden Worten an: „Obwohl du ein Meister der Täuschung bist, bist du doch gezwungen worden, dies ohne zu lügen zuzugeben. Jesus hat wahrhaftig all deine Macht

zerstört, dich von jeglicher Ehre als Engel entkleidet und jetzt liegst du auf dem Boden und musst dich im Schlamm wälzen." Ich war kaum am Ende meiner Worte, als diese große Gestalt zusammenbrach, weil der Name des Retters erwähnt worden war.

Warum habe ich diese Geschichte ausgesucht? Weil du vielleicht gerade jetzt durch einen Kampf gehst. Krieg ist kein Zeichen dafür, dass du vom Weg abgekommen bist. Auf dem Pfad zur Bestimmung scheint er oft gerade besonders heftig zu sein. Halte an Jesus fest und presse in ihn hinein. Du bist zu etwas Großartigem berufen.

Vielleicht wächst dir gerade alles über den Kopf? Mach dir keine Sorgen! Ich habe herausgefunden, dass Jesus uns im Kampf schrittweise wachsen lässt, während gleichzeitig unser Vertrauen und unser Glaube an ihn zunimmt. Er ist der gute Hirte, der sich um seine Schafe kümmert.

Du stellst vor mir einen gedeckten Tisch auf, Versorgung inmitten der Attacken meiner Feinde. Du kümmerst dich um alle meine Bedürfnisse, salbst meinen Kopf mit tröstendem, duftenden Öl, füllst meinen Becher immer und immer wieder mit deiner Gnade (Ps 23,5 VOI).

Ruhe ist die stärkste Waffe, die wir haben. Wenn wir in ihm ruhen, ruht er in uns und wir sind vollkommen. Das ist der ultimative Sieg, mit ihm gemeinsam auf seinem Thron zu sitzen.

Wer überwindet, dem werde ich geben, mit mir auf meinem Thron zu sitzen, wie auch ich überwunden und mich mit meinem Vater auf seinen Thron gesetzt habe (Offb 3,21 ELB).

Ich hoffe, dass etwas aus diesem Kapitel hilfreich für dich ist. Es gäbe so viel mehr zu sagen, aber ich bin mir sicher, dass Jesus dich alles lehren wird, was du darüber hinaus wissen musst. Du bist in absolut sicheren Händen!

Wir werden hier mit diesem brillanten Zitat aus „Herr der Ringe" enden; eine Geschichte, in der ein kleinwüchsiges Volk, genannt Hobbits, gemeinsam mit ihren bunt zusammengewürfelten Freunden die größte Finsternis aller Zeiten überwindet.

Es ist wie in den großen Geschichten, Herr Frodo. In denen, die wirklich wichtig waren. Voller Dunkelheit und Gefahr waren sie. Und manchmal wollte man das Ende gar nicht wissen. Denn wie kann am Ende noch alles gut ausgehen? Wie kann die Welt wieder auf den richtigen Weg finden, wenn so viel Schlechtes bereits passiert ist? Aber letztlich ist das alles nur eine vorübergehende Angelegenheit, dieser Schatten. Selbst die Dunkelheit muss vorüberziehen. Es wird ein neuer Tag anbrechen. Und wenn die Sonne scheint, wird sie nur umso heller erstrahlen.[3]

Ich liebe Happy Ends!

EPILOG: JENSEITS DER ERDE. DIE KOSMISCHEN AUSWIRKUNGEN

Ich könnte dieses Buch nicht enden lassen, ohne dir mit einem letzten Geheimnis den Mund wässrig zu machen. Ein Geheimnis, über das ich schon jahrelang nachsinne. Es ist ein vergnüglicher, in die Zukunft gerichteter Gedanke, der dich zum Schluss noch etwas „stretchen" oder dehnen soll. Lass uns darüber sprechen, „jenseits der Erde" zu leben, über „die kosmischen Auswirkungen des Evangeliums"!

Ich liebe die Erde. Sie ist die Wiege der Menschheit. So schön wie sie im Moment auch ist, wissen wir doch, dass sie in etwas noch viel Wunderbareres verwandelt werden wird. Sie wird auf eine herrliche Weise brandneu gemacht werden.

Und ich sah einen neuen Himmel und eine neue Erde; denn der erste Himmel und die erste Erde waren vergangen, und das Meer ist nicht mehr. Und ich sah die heilige Stadt, das neue Jerusalem, aus dem Himmel von Gott herabkommen, bereitet wie eine für ihren Mann geschmückte Braut. Und ich hörte eine laute Stimme vom Thron her sagen: Siehe, das Zelt Gottes bei den Menschen! Und er wird bei ihnen wohnen, und sie werden seine Nationen sein, und Gott selbst wird bei ihnen sein, ihr Gott (Offb 21,1-3 ELB).

Wir werden in ein goldenes Zeitalter katapultiert werden. Wir werden Gott sehen. Alles wird sich ändern.

Hier nun ein weiteres „KAINOS"-Zeitaltergeheimnis. Etwas, das dem Vater ganz stark auf dem Herzen liegt. Es ist die Rolle der Ekklesia in Bezug auf die Herrschaft über den gesamten Kosmos. Wir sind Miterben mit Christus von allem, was dem Vater gehört.

Der Geist selbst bezeugt ⟨zusammen⟩ mit unserem Geist, dass wir Kinder Gottes sind. Wenn aber Kinder, so auch Erben, Erben Gottes und Miterben Christi (Röm 8,16f. ELB).

Alles, was Christus als sein Erbe in Anspruch nimmt, wird auch genauso uns allen gehören (PHI).

Ihr habt alle absolut die Berechtigung, anders zu denken, aber folgt doch einfach der Logik des herrlichen Evangeliums:

Denn (sogar die gesamte) Schöpfung (die gesamte Natur) ist erwartungsvoll und sehnt sich stark danach, dass die Söhne Gottes offenbart werden (wartet auf die Offenbarung, die Enthüllung ihrer Sohnschaft) (Röm 8,19 AMPC).

Und die Hoffnung ist, dass am Ende alles erschaffene Leben von der Tyrannei der Veränderung und der Verwesung errettet wird und seinen Anteil an der wunderbaren Freiheit hat, die nur den Kindern Gottes zusteht! (Röm 8,18-21 CEB).

Denk mal darüber nach: Alles, überall wartet darauf, vom Verfall durch die Kinder des Lichts befreit zu werden. Lass dir die grundlegenden Auswirkungen, die in diesem Wort verborgen sind, nicht entgehen. Die Bibel ist unglaublich. Sie bleibt nicht bei dem stehen, was für uns angenehm ist. Sie lädt uns in die Schönheit des Geheimnisses ein. Sie lädt uns an Orte ein, die unsere wildesten Träume übersteigen.

Gott kann alles tun, das wisst ihr – viel mehr, als ihr euch jemals vorstellen oder erahnen oder in euren wildesten Träumen erbitten könntet! (Eph 3,20 MSG).

Können wir mal für einen Moment über das All sprechen? Unser Planet schwebt im Weltraum. Wir sehen nachts die Sterne und den Mond. Der Weltraum ist ein unerlässlicher Teil unseres Lebens.

Schau dir das All an. Dort gibt es mindestens 13,8 Milliarden Lichtjahre von Kosmos alleine in diesem bekannten Universum, das voller Galaxien ist, jedes mit Milliarden von Sternen, Planeten und Monden.

Es ist wunderschön.

Wissenschaftler sagen, dass, wenn man ein Stecknadelloch in den Nachthimmel macht, es ungefähr schon 10.000 Galaxien nur an dem einen Ort gibt. Kannst du dir das vorstellen? Ein Stecknadelloch entspricht 10.000 Galaxien!

Was ist in diesen Galaxien? Hat die „KAINOS"-Schöpfung eine Bestimmung, die über die Erde hinausreicht bis in die Sterne? Denkst du manchmal darüber nach? Mir kam das früher nie in den Sinn. Aber in Südafrika sah ich 2013, wie in einem Traum ein Buch mit Offenbarungen geöffnet wurde. Ich sah, wie versiegelte Wahrheiten nun vielen Menschen offenbart werden würden. Der Heilige Geist erweckt uns zu neuen herrlichen Möglichkeiten:

Dennoch hat Gott sie uns enthüllt und offenbart durch seinen Geist, denn der (Heilige) Geist sucht gründlich. Er durchforscht und untersucht alles, sondiert selbst die tiefen und unergründlichen Dinge Gottes (die göttlichen Ratschlüsse und die Dinge, die verborgen und jenseits der menschlichen Überprüfung liegen) (1Kor 2,10-12 AMPC).

Früher dachten wir, der Weltraum sei größtenteils schwarz und leer. Die Wissenschaftler entdecken nun, dass er viel schöner und wunderbarer ist, als wir es in der Vergangenheit je für möglich gehalten hätten. Das All ist voller Riesensterne, schwarzer Löcher, umherwirbelnder Nebel, schöner Farben und schwarzer Materie (die mysteriöse Substanz, die den Großteil des Universums ausmacht). Wir wissen bisher so wenig.

Früher dachten die Wissenschaftler, dass die Erde der einzige Planet sei, auf dem Leben möglich ist. Heute finden sie mehrere mögliche Planeten in der bewohnbaren Zone um die Sterne herum. Der leitende Astronom Seth Shostak vom SETI-Institut (Suche nach außerirdischer Intelligenz) sagt:

Die Anzahl von bewohnbaren Welten in unserer Galaxie beträgt sicherlich im Minimum um die zehn Milliarden und da berücksichtigen wir noch nicht einmal die Monde. Wissen Sie, Monde sind ebenfalls bewohnbar. Und die Anzahl von Galaxien, die wir sehen können, abgesehen von unserer eigenen, beträgt ungefähr 100 Milliarden. 100 Milliarden mal 10 Milliarden

entspricht somit eintausend Milliarden Milliarden (bewohnbarer Planeten) im sichtbaren Universum.[1]

Und all das befindet sich in unserer Weltraumblase, die wir Uni-versum nennen. Es gibt möglicherweise noch weitere dort draußen.

Das Universum, in dem wir leben, ist möglicherweise nicht das einzige. Tatsächlich könnte unser Universum nur eines von unzähligen Universen sein, die insgesamt ein „Multiversum" bilden.[2]

Die Schrift lehrt uns, dass Gott viele „himmlische" Orte erschuf.

Im Anfang schuf Gott die HIMMEL (im Hebräischen immer Plural) und die Erde (1Mose 1,1).

‚Himmel' können in der Sprache der Bibel auch manchmal ‚Weltraum' bedeuten. Schau dir nochmals diese Verse an:

Wenn ich sehe die Himmel, deiner Finger Werk, den Mond und die Sterne, die du bereitet hast (Ps 8,4 LUT).

Und er führte ihn hinaus und sprach: Blicke doch auf zum Himmel, und zähle die Sterne, wenn du sie zählen kannst! Und er sprach zu ihm: So ⟨zahlreich⟩ wird deine Nachkommenschaft sein! (1Mose 15,5 ELB).

Und dass du deine Augen nicht zum Himmel erhebst und, wenn du die Sonne und den Mond und die Sterne, das ganze Heer des Himmels siehst, dich verleiten lässt und dich vor ihnen niederwirfst und ihnen dienst, die doch der HERR, dein Gott, allen Völkern unter dem ganzen Himmel zugeteilt hat! (5Mose 4,19 ELB).

Es gibt sicherlich andere Dimensionen dicht neben uns gerade jetzt:

Es gibt den unsichtbaren Bereich (2Kor 4,18), den dritten Himmel (2Kor 12,2), den Himmel der Himmel (2Chr 6,18), viele Wohnungen im Haus (Joh 14,2), Orte auf der Erde und unter der Erde (Offb 5,3), in der Sonne (Offb 19,7) und Hades oder die Hölle (Lk 16,23).

Quantenstring-Theoretiker nehmen an, dass es zehn Dimensionen gibt. Die meisten von ihnen jenseits unserer gegenwärtigen wissenschaftlichen Entdeckungsmöglichkeiten. Andere Quantentheoretiker sagen, dass es möglicherweise noch mehr gibt. Ich hörte einmal, dass Ian Clayton sagte, es gebe 32! Ich habe ihn noch nicht näher dazu befragt.

Aber noch größer ist dieses Wunder: Irgendwie wartet alles, wirklich jedes einzelne geschaffene Teil darauf, dass Jesus in den „KAINOS"-Söhnen offenbar wird. Es wartet auf unsere Offenbarwerdung mit Christus in Herrlichkeit.

Die gesamte Schöpfung steht auf den Zehenspitzen, um den wunderschönen Anblick mitzuerleben, wenn die Söhne Gottes ihr Eigentum betreten (CEB) ... kann kaum erwarten, was als Nächstes kommt (MSG).

(Das Ziel ist), dass durch die Gemeinde die komplexe, vielseitige Weisheit Gottes in all ihrer grenzenlosen Vielschichtigkeit und ihren unzähligen Aspekten nun den Engelführern und Autoritäten (Fürstentümern und Mächten) in den himmlischen Sphären offenbart wird (Eph 3,10 AMP).

Es wurde in unsere geistliche DNA geschrieben, viel weiter hinauszugehen, genauso wie Henoch, der Freund Gottes.

Henoch sah „alle Geheimnisse der Himmel" und war der erste, der über das Sonnensystem schrieb. Diese Aufzeichnungen findet man im äthiopischen Buch Henoch,[3] das Judas auch im Neuen Testament zitiert. Henoch war der siebte nach Adam, was das Ende dieses Zeitalters symbolisiert.

Ich vermute, dass die Erde nur der Anfang einer Neuschöpfung ist. Sie ist die Wiege der Menschheit, der Start einer mit Wundern erfüllten Reise, auf der die unfassbar selige Ordnung des Himmels im Chaos verbreitet wird, um alles wieder mit Christus zu versöhnen und es zurückzubringen zur Schönheit des Originalplans.

Seine sich ständig ausbreitende, friedvolle Herrschaft wird niemals aufhören. Er wird mit vollkommener Fairness und Gerechtigkeit vom Thron seines Vaters David regieren (TLB). Seine Herrschaft wird beständig zunehmen und es wird kein Ende des Friedens

geben (LEB). Sie wird ... grenzenlos wachsen (GW) (Jes 9,7).

Wir nehmen an, dass sich das alles nur auf die Zukunft bezieht. Rick Joyner glaubt jedoch, dass einige der Heiligen im Himmel jetzt schon lernen, kosmische Orte zu regieren. In seinem großartigen Buch *Der letzte Aufbruch* beschrieb Rick, was er in einer himmlischen Vision sah:

Als ich mich dem Richterstuhl Christi näherte, saßen diejenigen aus den höchsten Rängen ebenfalls auf Thronen, die alle Teil seines Throns waren. Selbst der geringste dieser Throne war so viel herrlicher als irgendein irdischer Thron. Einige von ihnen waren Herrscher über die Angelegenheiten des Himmels, andere über Belange der physischen Schöpfung wie z.B. Sternensysteme und Galaxien.[4]

Ich nehme an, dass den meisten, die dieses tiefgreifende Buch lasen, die Konsequenzen dessen, was Rick Joyner sah, entging. Vielleicht sind wir jetzt bereit, wirklich zuzuhören? Gott zerstört unser begrenztes Schubladendenken!

Einmal war ich total tief versunken in Gott, während ich mit Freunden betete. Plötzlich sah ich ein sehr helles Licht. Einige Sekunden lang wurde ich mit diesem Lichtstrahl ganz schnell nach oben katapultiert. Ich hatte das Gefühl, mich mit großer Geschwindigkeit zu bewegen.

Ohne Vorwarnung fand ich mich mit Jesus in einem anderen Teil des Weltraums wieder. Wir standen beide auf etwas, das aussah wie ein Mond und sahen einen wunderschönen Nebel. Es war herrlich!

Da waren Engel, die sich wie lebendige Lichtkugeln hinein und heraus aus den Nebelwolken bewegten und Gott anbeteten. Die Staubwolken sprühten von Rot und Orange. Ein faszinierender bläulicher Planet mit Ringen wie Saturn befand sich in der Nähe. Er nahm fast den ganzen Himmel ein. Es war atemberaubend!

Nach sehr kurzer Zeit wurde ich wieder ohne Vorwarnung zurück in den Gebetsraum gezogen, voll des Heiligen Geistes und verwundert, warum das geschehen war. Ich denke, dass Jesus, so wie jeder große Künstler, mir ein bisschen von dem, was er gemacht hatte, zeigen wollte. Es wurde alles durch ihn und für ihn geschaffen. Was erstaunlich ist, dass er es liebt, seine Schöpfung mit uns zu teilen! Er liebt uns!

Denn in ihm ist alles in den Himmeln und auf der Erde geschaffen worden, das Sichtbare und das Unsichtbare, es seien Throne oder Herrschaften oder Gewalten oder Mächte: Alles ist durch ihn und zu ihm hin geschaffen (Kol 1,16 ELB).

Jesus hat das alles gemacht. Wir sollten uns nicht davor fürchten. Es ist Teil seines Lebens und nun auch unseres als solche, die mit ihm in Einssein verbunden sind. Ich weiß, das unterscheidet sich alles etwas von dem, worüber wir sonst so gesprochen haben. Wenn du heranwächst, findest du immer mehr heraus. Das ist Teil des göttlichen Plans!

Abschließend möchte ich sagen, dass bei allem, was ich in diesem Buch beschrieben habe, ich ganz fest glaube, dass es für das, was kommen wird, bisher kein historisches Beispiel gibt. Wir werden nicht lediglich die Wiederholung von früheren Erweckungen oder Ausgießungen des Heiligen Geistes sehen (so sehr, wie wir auch die Vergangenheit lieben und ehren). Keine Schublade in unserem Denken kann den absolut unbegrenzten Christus in uns erfassen.

Der Apostel Paulus begriff diese Wahrheit und sagte:

Ich gebe niemals auf, für euch zu beten. Und das ist mein Gebet. Dass Gott, der Gott unseres Herrn Jesus Christus und alles übertreffend herrliche Vater, euch geistliche Weisheit und Einsicht gibt, ihn mehr zu erkennen: dass ihr diese innere Erleuchtung des Geistes empfangen möget, die euch dazu bringt zu realisieren, wie groß die Hoffnung ist, zu der er euch ruft – die Großartigkeit und Pracht des Erbes, das den Christen versprochen ist – und wie gigantisch die Macht ist, die uns, die wir an Gott glauben, zur Verfügung steht (Eph 1,17-19 PHI).

Wir werden
interstellar
transdimensional
und unsterblich.

Was immer in Zukunft kommen wird, es wird den Kosmos mit einbeziehen. Ob durch fortschrittlichere Weltraum- und Quantentechnologie, „KAINOS"-Teleportierung oder einfach dadurch, dass wir lernen, uns stärker im Geistbereich zu bewegen über unseren Körper hinaus, ich weiß, dass wir viel stärker in das Gesamtbild hineinwachsen werden. Gott führt uns in eine ganz neue Welt hinein und wir werden niemals mehr zurückschauen!

Die letzten Generationen auf dieser Erde werden das größte Abenteuer erleben, das die Welt je gesehen hat.[5]

Wir werden auf jeden Fall sagen, dass Gott den besten Wein bis zum Schluss aufbewahrt hat!

BIBELÜBERSETZUNGEN

Anmerkung:
Alle Bibelübersetzungen, die in der Originalsprache der englischen Sprache entstammen, wurden von der Übersetzerin ins Deutsche übertragen und enthalten folglich nicht mehr den englischen Originaltext, sondern eine übersetzte Version.
Die verwendeten deutschen Übersetzungen, die Elberfelder Bibel und die Lutherbibel, wurden mit ELB bzw. LUT gekennzeichnet.

AMP - Amplified Bible Copyright © 2015 by The Lockman Foundation, La Habra, CA 90631

AMPC - Amplified Bible, Classic Edition Copyright © 1954, 1958, 1962, 1964, 1965, 1987 by The Lockman Foundation

BE - Bible in Basic English, Copyright © 1965 by Cambridge Press in England

CEV - Contemporary English Version, Copyright © 1995 by American Bible Society

CJB - Complete Jewish Bible, Copyright © 1998 by David H. Stern

DAR - Darby Translation, Public Domain

DLNT - Disciples' Literal New Testament, Copyright © 2011 Michael J. Magill. All Rights Reserved. Published by Reyma Publishing

DRB - Douay-Rheims 1899 American Edition, Public Domain

ELB - Elberfelder Bibel, revidierte Fassung, Witten/Holzgerlingen 2006.

ERV - Easy-to-Read Version, Copyright © 2006 by Bible League International

GW - GOD'S WORD Translation Copyright © 1995 by God's Word to the Nations. Baker Publishing Group

HCSB - Holman Christian Standard Bible, Copyright © 1999, 2000, 2002, 2003, 2009 by Holman Bible Publishers, Nashville Tennessee.

ISV - International Standard Version, Copyright © 1995-2014 by ISV Foundation. Davidson Press, LLC.

KJV - King James Version, Public Domain

KNO – The New Testament Paperback, Copyright © 1997 by Ronald A. Knox.

LEB - Lexham English Bible 2012 by Logos Bible Software. Lexham is a registered trademark of Logos Bible Software

LUT - Die Bibel nach der Übersetzung Martin Luthers, revidierte Fassung, Stuttgart 2017.

MIR - The Mirror Bible, Copyright © 2012 by Francois du Toit.

MSG - The Message (MSG) Copyright © 1993, 1994, 1995, 1996, 2000, 2001, 2002 by Eugene H. Peterson

NLT - New Living Translation, Copyright© 1996, 2004, 2007, 2013 by Tyndale House Foundation. Tyndale House Publishers Inc., Carol Stream, Illinois 60188. All rights reserved.

NLV - New Life Version, Copyright © 1969 by Christian Literature International

NOG - Names of God Bible, The Names of God Bible (without notes) Copyright © 2011 by Baker Publishing Group.

PAS - The Passion Translation Copyright © 2014, by Brian Simmons

PHI - The New Testament in Modern English by J.B Philips copyright © 1960, 1972 J. B. Phillips. Administered by The Archbishops' Council of the Church of England.

TLB - The Living Bible copyright © 1971 by Tyndale House Foundation

TCNT -Twentieth Century New Testament, Copyright © 2013 by Hardpress Publishing.

WE - Worldwide English (New Testament) Copyright © 1969, 1971, 1996, 1998 by SOON Educational Publications

WMS - The New Testament in the Language of the People
Translated from the Greek by Charles B. Williams, Copyright © 1972 Moody Publishers

WNT - The Weymouth New Testament (also known as The New Testament in Modern Speech) Copyright © 1903, James Clarke & Co (London)

VOI - The Voice, The Voice Bible Copyright © 2012 Thomas Nelson, Inc. The Voice™ translation © 2012 Ecclesia Bible Society

QUELLENANGABEN

Prolog: Die Morgendämmerung
[1] Larry Randolph: *Spirit Talk, Hearing the Voice of God*. MorningStar Publications (2005).
[2] C.S. Lewis, *Mere Christianity*, Onlinezugriff über www.goodreads.com
[3] Rick Joyner, *A Prophetic Vision for the 21st Century*. Thomas Nelson Publishers, (1999).
[4] Patricia King, *Spiritual Revolution: Experience the Supernatural in Your Life*. Destiny Image (2006).

TEIL EINS – Einführung
Die kommende Ernte
[1] Rick Joyner, *Visions of the Harvest – Updated and Expanded*. E-Book Edition. Hrsg. MorningStar Publications, Inc (2013).

Die "KAINOS"-Söhne
[1] James Strong. *Strong's Biblical Dictionary* published in 1800. Onlinezugriff über www.blueletterbible.org.
[2] W.E. Vine's M.A., *Expository Dictionary of New Testament Words* published in 1940 and without copyright.

Mystical Co-Mission
[1] Patricia King, *Spiritual Revolution, Experience the Supernatural in Your Life Through Angelic Visitations, Prophetic Dreams, Visions, and Miracles*. Destiny Image (2006).
[2] Rick Joyner, erfahre mehr auf www.morningstarministries.org.

Teil Zwei – Übermenschlich
Kapitel 1 – Von Zion aus leben
[1] Paul Keith Davis, erfahre mehr auf www.whitedoveministries.org.
[2] Roland H. Buck, *Angels on Assignment*. Whitaker House (1979).
[3] Rick Joyner, The Sword and the Torch. MorningStar Publications (2003).
[4] James Maloney, *Ladies of Gold: The Remarkable Ministry of the Golden Candlestick*, Volume One: 1. Answering the Cry Publications (2011).
[5] Rick Joyner, The Sword and the Torch. MorningStar Publications (2003).
[6] Martin Luther King, Jr., Zitat von BrainyQuote.com.
[7] Ian Claytons Produkte sind erhältlich bei www.sonofthunder.org.nz.

Kapitel 2 – Gemeinschaft mit Engeln
[1] Bobby Connor, https://companyofburninghearts.wordpress.com/2011/10/14/other-voices-bobby-connor-wisdom/ (2011).

² Richard Sharpe, *Adomnan of Iona – Life of St. Columba*. Penguin Books (1995).
³ Randy Clark, Kingdom Foundations – a conference in Cardiff, Wales (2013).
⁴ John Paul Jackson, Zitat aus einer Live-Aufnahme in England, UK. Erfahre mehr über John Paul unter www.streamsministries.com.
⁵ Roland H. Buck, *Angels on Assignment*. Whitaker House (1979).
⁶ Gary Oates, *Open My Eyes, Lord: A practical Guide to Angelic Visitations and Heavenly Experiences*. Open Heaven Publications (2004).

Kapitel 3 – Die Wolke der Zeugen
¹ C.S. Lewis, über www.goodreads.com
² Rick Joyner, *The Final Quest*. MorningStar Publications (1996).
³ Roberts Liardon, *We Saw Heaven*. Destiny Image (2000).
⁴ Godfrey Birtill, *Two Thousand Years Ago*. 2012Ó Thankyou Music UK.
⁵ James Innell Packer und Thomas C. Oden, *One Faith: The Evangelical Consensus*. InterVarsity Press (2004).
⁶ Rev. Fr. Angelo Pastrovicchi, St. Joseph of Copertino. TAN Books (1980).
⁷ Saint Francis of Assisi, über www.goodreads.com.
⁸ Paul Keith Davis, Lehreinheit von einer Live-Konferenz. Erfahre mehr über Paul Keiths Lehre über www.whitedoveministries.org.

Kapitel 4 – Von Natur aus telepathisch
¹ Upton Sinclair, Mental Radio. Read Book Ltd (2013).
² Hans Berger, Zitat von http://news.discovery.com/human/life/love-telepathy-is-it-real-120212.htm
³ Zitat zu finden auf http://www.spiritscienceandmetaphysics.com/scientific-proof-our-minds-are-all-connected/.
⁴ Zitat zu finden auf http://www.dailymail.co.uk/news/article-2745797/Scientists-claim-telepathy-success-sending-mental-message-one-person-4-000-miles-away.html.

Kapitel 5 – Telepathische „Hubs": ein Leib
¹ David Humphries, *The Lost Book of Enoch*. Cambridge Media Group (2006).
² Jan Johnson, Madame Guyon. Bethany House Publishers (1998).
³ Joan Carroll Cruz. Mysteries, Marvels, Miracles in the Lives of the Saints. Tan Books and Publishers (1997).
⁴ s.o.

Kapitel 6 – Fernsicht
¹ https://en.wikipedia.org/wiki/Remote_viewing
² Richard Sharpe, *Adomnam of Iona – Life of St Columba*. Penguin Books (1995)
³ Liedtexte zu finden unter http://www.metrolyrics.com/a-whole-new-world-lyrics-aladdin.html

Kapitel 7 – Wissenseingebungen

[1] Definition von „infused knowledge" zu finden unter http://www.catholicculture.org/culture/library/dictionary/index.cfm)id=34207
[2] Kathie Walters, *Celtic Flames*. Good News Ministries (1999).
[3] John G. Lake, *John G. Lake: His Life, His Sermons, His Boldness of Faith*. Kenneth Copeland Publishing (1995).
[4] David Humphries, *The Lost Book of Enoch*. Cambridge Media Group (2006).

Kapitel 8 – Übernatürliche Versetzung

[1] John Paul Jackson, Zitat aus einer Live-Aufnahme in England. Erfahre mehr über John Paul unter: www.streamsministries.com .
[2] s.o.
[3] Joan Carroll Cruz. *Mysteries, Marvels, Miracles in the Lives of the Saints*. Tan Books and Publishers (1997).
[4] s.o.
[5] s.o.
[6] Du kannst mehr darüber erfahren, wenn du dir unseren gratis Podcast anhörst mit dem Titel „Transrelocation with Ian Clayton". Zu finden unter http://companyofburninghearts.podomatic.com oder auf iTunes.

Kapitel 9 – Metamorphose

[1] David Adam, *Walking the Edges, Living in the Presence of God*. Society for Promoting Christian Knowledge, Bookmarque Ltd (2003).
[2] Joan Carroll Cruz. *Mysteries, Marvels, Miracles in the Lives of the Saints*. Tan Books and Publishers (1997).
[3] Cassandra Eason, *Fabulous Creatures, Mythical Monsters, and Animal Power Symbols: A Handbook*. Greenwood Publishing Group (2008).
[4] Gratis verfügbar unter: http://companyofburninghearts.podomatic.com.

Kapitel 10 – Dimensionswechsel

[1] Julian of Norwich. Onlinezugriff auf Zitat über: http://jordandenari.com/2013/11/08/more-in-heaven-wisdom-from-julian-of-norwich/.
[2] Joan Carroll Cruz. *Mysteries, Marvels, Miracles in the Lives of the Saints*. Tan Books and Publishers (1997).
[3] s.o.
[4] Bruder Yun mit Paul Hattaway, *The Heavenly Man: The Remarkable True Story Of Chinese Christian Brother Yun*. Monarch Books (2002). Die deutsche Ausgabe ist mit dem Titel: *Der Himmelsbürger – Befreit* beim Leuchterverlag (2003) erschienen.
[5] Michael van Vlymen, *Supernatural Transportation, Moving Through Space, Time and Dimensions for the Kingdom of Heaven*. Ministry Resources (2016).
[6] Nancy Coens Lehre ist bei Benji Fiordland unter www.revivalschoolnz.com erhältlich.

Kapitel 11 – Nahrungslosigkeit (Inedia): ausgedehntes Fasten

[1] John Crowder, *The Ecstasy of Loving God: Trances, Raptures, and the Supernatural Pleasures of Jesus Christ*. Destiny Image (2008).
[2] Kathie Walters, *Celtic Flames*. Good News Ministries (1999).
[3] Bruder Yun mit Paul Hattaway, *The Heavenly Man: The Remarkable True Story Of Chinese Christian Brother Yun*. Monarch Books (2002). Die deutsche Ausgabe ist mit dem Titel: *Der Himmelsbürger – Befreit* beim Leuchterverlag (2003) erschienen.
[4] Joan Carroll Cruz. *Mysteries, Marvels, Miracles in the Lives of the Saints*. Tan Books and Publishers (1997).
[5] Wenn du mehr darüber erfahren möchtest, höre dir unseren gratis Podcast zum Thema „*Life and Immortality*" an. Zu finden unter: http://companyofburninghearts.podomatic.com. (March 2015).

Kapitel 12 – Jenseits von Schlaf: die Nacht auskaufen

[1] Paul Keith Davis beim „Promised Land" Workshop in Chester, Vereinigtes Königreich bei MorningStar Europe (Nov 2015). Weitere Infos unter www.morningstareurope.org.
[2] Nancy Coens Lehre ist bei Benji Fiordland unter www.revivalschoolnz.com erhältlich.
[3] David Adam, *Aidan, Bede, Cuthbert: Three Inspirational Saints*. Society for Promoting Christian Knowledge, Bookmarque Ltd. (2006).
[4] W. Heywood, *The Little Flowers of St. Francis of Assisi*. Arrow Books Ltd (1998).
[5] Montague Summers, *Physical Phenomena of Mysticism*. Kessinger Publishing Co (2003).
[6] James Strong, *Strong's Biblical Dictionary* published in 1800. Onlinezugriff via www.blueletterbible.org.

Kapitel 13 – Herrschaft über die Schöpfung

[1] John Paul Jackson. Zitat von: http://www.streamsministries.com/resources/discipleship/some-thoughts-about-the-earth-and-righteousness.
[2] Übernatürliches „Wetterwunder" – http://www.telegraph.co.uk/finance/newsbysector/retailandconsumer/8985975/Shops-feel-the-chill-as-country-basks-in-mild-winter.html.
[3] W. Heywood, *The Little Flowers of St. Francis of Assisi*. Arrow Books Ltd (1998).
[4] David Adam, *Aidan, Bede, Cuthbert: Three Inspirational Saints*. Society for Promoting Christian Knowledge, Bookmarque Ltd. (2006).
[5] John Sandford und Mark Sandford, *Healing the Earth... A Time for Change*. BT Johnson Publishing (2013).
[6] R.H. Charles, *The Book of Jubilees*. From "*The Apocrypha and Pseudoepigrapha of the Old Testament*". Oxford Clarendon Press (1913).
[7] John Sandford und Mark Sandford, *Healing the Earth... A Time for Change*. BT Johnson Publishing (2013).

Kapitel 14 – Der himmlische Konflikt
[1] David Humphries, *The Lost Book of Enoch*. Cambridge Media Group (2006).
[2] Paul Keith Davis, *The Days of Noah* Audio-Lehrserie. Erhältlich bei www.whitedoveministries.org.
[3] Ian Clayton, aus einem Live-Vortrag „*Behind the Veil*" (Hinter dem Vorhang) bei COBH. Weitere Lehrserien unter www.sonofthunder.org.nz.
[4] Bill Johnson, *Hosting the Presence: Unveiling Heaven's Agenda*. Destiny Image (2012).
[5] Bill Johnson, *Spiritual Java*. Destiny Image (2010).
[6] Godfrey Birtill, *Hijacked into Paradise*. Whitefield Music (2009).

Kapitel 15 – Sich mit Mächten auseinandersetzen
[1] Rick Joyner, *When God Walked the Earth*. MorningStar Publications (2007).
[2] Carolinne White, *Early Christian Lives*. Penguin Books (1998).
[3] J. R. R. Tolkien, über http://www.councilofelrond.com/moviebook/4-07-the-stories-that-really-matter/.

Epilog: Jenseits der Erde. Die kosmischen Auswirkungen
[1] Seth Shostak. Zitat aus: http://www.huffingtonpost.com/2014/06/24/habitable-planets-seth-shostak_n_5527116.html.
[2] Clara Moskowitz. Zitat aus: http://www.space.com/18811-multiple-universes-5-theories.html.
[3] David Humphries, *The Lost Book of Enoch*. Cambridge Media Group (2006).
[4] Rick Joyner, *The Final Quest*. MorningStar Publications (1996) (dt. Ausgabe: *Der letzte Aufbruch*. Schleife Verlag (2000).
[5] Rick Joyner, *The Apostolic Ministry*. MorningStar Publications (2006). (dt. Ausgabe: *Der apostolische Dienst*. Schleife Verlag (2005).

EXTRA-KAPITEL: In der Luft laufen
[1] John Crowder, *The Ecstasy of Loving God: Trances, Raptures, and the Supernatural Pleasures of Jesus Christ*. Destiny Image (2008).
[2] Teresa von Avila und J. Cohen, *The Life of Saint Teresa of Avila by Herself*. Penguin Books (1987).
[3] s.o.
[4] Joan Carroll Cruz. *Mysteries, Marvels, Miracles in the Lives of the Saints*. Tan Books and Publishers (1997).
[5] Raymond of Capua, *The Life of Catherine of Sienna*. Public Domain.
[6] Joan Carroll Cruz. *Mysteries, Marvels, Miracles in the Lives of the Saints*. Tan Books and Publishers (1997).
[7] Rev. Fr. Angelo Pastrovicchi, *St. Joseph of Copertino*. Tan Books (1980).
[8] John G. Lake, *John G. Lake: His Life, His Sermons, His Boldness of Faith*. Kenneth Copeland Publishing (1995).

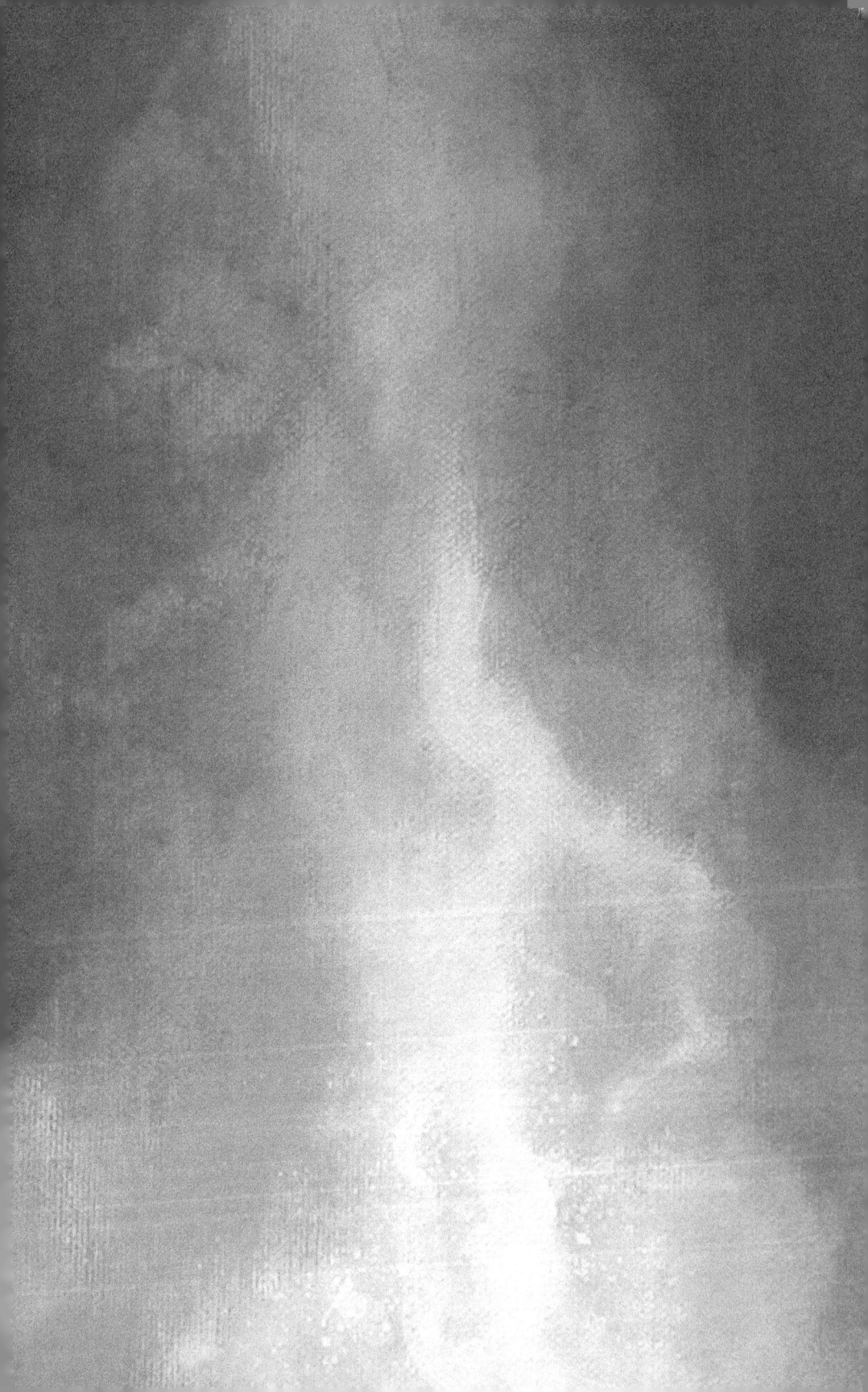

BONUS-KAPITEL: IN DER LUFT LAUFEN

Deine dynamische Schönheit ist in uns hineingekommen – du bist so gut zu uns! Wir laufen in der Luft! (Ps 89 MSG).

Ah, du hast das geheime Kapitel entdeckt! Wie eine Extra-Szene beim Filmabspann. Ich dachte mir, es wäre cool, einen weiteren „KAINOS"-Gedanken „reinzuquetschen". Ich habe noch einige weitere Kapitel geschrieben, die es nicht in die Endauswahl geschafft haben, aber dieses konnte ich einfach nicht weglassen. Da steckt zu viel „Kainos"-Spaß drin!

LEVITATION (freies Schweben)!

Wenn du noch ein bisschen mehr haben möchtest, dann lies weiter … auf geht's!

Jesus kam und stellte uns wieder her in den Zustand, in dem wir schon immer sein sollten. In seiner letzten Handlung, bevor er in den Himmel zurückkehrte, hob er einfach vom Boden ab und verschwand.

Als er seinen Auftrag beendet hatte, fing er an, vor ihren Augen vom Boden abzuheben, bis die Wolken ihn verbargen und sie ihn nicht länger sehen konnten (Apg 1,9 VOI).

Ich denke, Jesus tat dies, um der Welt zu zeigen, dass der Himmel den Söhnen gehört. Und wer immer am Himmel das Sagen hat, gewinnt den Krieg.

Viele sind in Jesu Fußstapfen getreten und hochgeschwebt. Hunderte von katholischen Heiligen sind dabei beobachtet worden, wie sie das taten. Und wie viele andere haben das privat getan?

Wer *sind* diese, *die* wie eine Wolke geflogen kommen…? (Jes 60,8 ELB)

Dieses Wunder wird ‚Levitation' oder ‚Aufstieg' genannt. Es ist eines der Phänomene von mystischem Gebet, das meistens im Kontext von Ekstasen und Verzückungen geschieht.

Es scheint, dass die Schwerkraft eine geringere Kraft ist als der verführerische Auftrieb der göttlichen Liebe!

Hör dir das Zeugnis von Maria Vilani, einer dominikanischen Nonne, an:

Eines Tages wurde ich mir einer neuen Erfahrung bewusst. Ich spürte, wie ich ergriffen und meiner Sinne beraubt wurde, und zwar so stark, dass ich feststellte, dass ich komplett von meinen Fußsohlen aus hochgezogen worden war, so wie ein Magnet einen Eisenkrümel anzieht, aber mit einer Zartheit, die wunderbar und äußerst angenehm war. Zunächst spürte ich große Angst, aber später blieb ich in einem Zustand von größtmöglicher Zufriedenheit und Freude im Geist. Ich stand ziemlich neben mir. Und dennoch war mir bewusst, dass ich mich in einer gewissen Distanz von der Erde befand und mein gesamtes Wesen eine ganze Zeitlang außer Kraft gesetzt war. Bis zum letzten Weihnachtsabend (1618) passierte mir das zu fünf unterschiedlichen Anlässen.[1]

Einer der größten Einflüsse auf mein Leben ist Teresa von Avila. Sie war eine mystische Theologin, die alles, was sie schrieb, am eigenen Leib erfahren hatte. Sie dokumentierte die einzelnen Phasen des Gebets und wie sich die unterschiedlichen Zustände von Ekstase anfühlten. Ich habe ihre Autobiografie[2] immer und immer wieder gelesen. Ich nehme sie überallhin auf der Welt mit.

In der folgenden Geschichte predigte Teresa und sie fühlte, wie sich eine Levitationsentrückung anbahnte. Sie hatte schon im Vorfeld ihre Freundinnen gebeten, ihr zu helfen, falls das geschah. Es war ihr peinlich!

Ich spürte, dass der Herr dabei war, mich wieder zu entrücken, und einmal ganz speziell in einer Predigt – das war auf dem Fest unseres Patrons und einige wichtige Damen waren anwesend – lag ich auf dem Boden und die Schwestern versuchten, mich unten zu

halten, aber dennoch sah man die Entrückung.³

Kannst du dir das vorstellen?! Ein Haufen von Nonnen springt auf sie drauf. Was müssen die Damen, die zu Besuch waren, gedacht haben? Das muss echt lustig ausgesehen haben! Und doch wurde sie im Geist hochgehoben.

Teresa beschreibt im Detail wie sich diese Entrückungen anfühlen. Das macht mich so hungrig nach Gott.

Die Auswirkungen von Entrückung sind gewaltig. Eine ist, dass die mächtige Kraft des Herrn offenbar wird. Wir sehen dann, dass wir gegen den Willen seiner Majestät nichts tun können, weder um die Seele noch um den Körper unter Kontrolle zu bringen. Wir sind nicht die Herren; ob wir es mögen oder nicht, wir sehen, dass es jemanden gibt, der mächtiger ist als wir; dass diese Gunsterweisungen von ihm geschenkt werden und dass wir aus uns selbst überhaupt gar nichts tun können.

Sie fährt fort:

Das drückt uns einen Stempel tiefer Demut auf. Ich muss bekennen, dass sich in mir eine große Furcht regte, zunächst eine wirklich riesige Furcht. Man sieht, wie der eigene Körper vom Boden abgehoben wird; und obwohl der Geist ihn hinter sich herzieht und er das auch sehr sanft tut, wenn er dem nicht widersteht, verliert man nicht das Bewusstsein. Zumindest war ich ausreichend bei Bewusstsein, um zu realisieren, dass ich hochgezogen wurde. Die Majestät des Einen, der dies tun kann, ist so manifest, dass einem die Haare zu Berge stehen und man von großer Furcht übermannt wird, gegen einen so großen Gott zu sündigen.

Wunderschön!

Was ich an Teresa liebe, ist, dass sie nicht versuchte, zu schweben oder irgendetwas anderes zu erleben. Sie wollte sich einfach nur ganz heftig in Gott verlieben. Das ist der mystische Weg. Es ist der Weg der Liebe.

Franz von Assisi war ein Mann von unglaublicher Integrität. Auch er versuchte, seine Levitationen zu verbergen. Er betete oft an einsamen

Orten und seine Freunde fanden ihn dann hoch in der Luft schwebend vor. Manchmal flog er so weit oben, dass er außer Sichtweite geriet.

(Bruder Leo) fand den heiligen Franziskus außerhalb seiner Zelle (seinem Raum) 1m bis 1,20m hoch über dem Boden schwebend, manchmal auf halber Höhe oder sogar an der Spitze der Buchen – und einige dieser Bäume waren sehr hoch. Manchmal fand er den Heiligen so hoch in der Luft schwebend und mit so viel Leuchtkraft umgeben vor, dass er ihn kaum erkennen konnte.[4]

Katharina von Siena schwebte von frühster Jugend an frei über dem Boden. So merkwürdig, wie uns das auch erscheinen mag, aber sie schwebte tatsächlich oft die Treppen zu ihrem Haus hoch! Ihr Biograf, Raymond von Capua schreibt:

Ihre Mutter informierte mich – und Katharina war gezwungen, das vor mir zuzugeben – dass sie, wenn sie die Treppen hinaufgehen wollte, nach oben getragen wurde, ohne die Stufen mit ihren Füßen zu berühren; und ihr Aufstieg ging so schnell vonstatten, dass ihre Mutter Angst hatte, sie würde stürzen.[5]

St. Franziskus von Posadas, ein Dominikaner, schwebte oft nach oben während der Heiligen Messe:

Einst sagte er, als er auf den Boden zurückgekehrt war: „Ich weiß nicht, ob ich die Erde verließ oder ob die Erde sich von mir zurückzog." Einmal schwebte sein Körper in die Höhe und blieb dort außer Kraft gesetzt, nachdem er die Umwandlungsworte gesprochen hatte. Als er dann endlich wieder herabkam, sah die Gemeinde, dass er von einem großen Licht umgeben und dass sein Gesicht transformiert worden war: Seine Falten waren verschwunden, seine Haut war durchsichtig wie Kristall und seine Wangen waren tiefrot.[6]

Einer der unterhaltsamsten Heiligen in Bezug auf Flüge war ein Mann namens Josef von Copertino. Er war total süchtig nach Gott und die einfachsten Dinge, wie z.B. ein Weihnachtsbild von Jesus oder das tägliche Abendmahl, triggerten ihn in Verzückungen und Ekstasen hinein. Er schwebte 2-3 Stunden pro Tag. Kein Wunder, dass er der Schutzheilige der Piloten ist!

Während dieser intensiven Freudenexplosionen schrie er oft laut, schwebte dann nach oben, flog umher und tanzte sogar in der Luft. Das Buch über sein Leben, verfasst von Vater Angelo Pastrovicci, liest sich zuweilen wie eine ‚göttliche Komödie'. Es ist urkomisch!

Eines Tages war Josef bei der Einsetzung einiger Nonnen in der Kirche St. Clara von Copertino. Sobald der Chor den Wechselgesang „Komm, du Braut Christi," anstimmte, sah man ihn aus der Ecke, in der er gekniet hatte, zum Beichtvater des Klosters, einem Mitglied des Orden der Reformati, hineilen. Er ergriff ihn an der Hand, hob ihn mit übernatürlicher Kraft vom Boden hoch und tanzte wild um ihn herum in der Luft.[7]

Das klingt wie bei Mary Poppins! Ich glaube, Gott freut sich über Comedy. Denk mal an den armen Hesekiel!

Dann sah ich etwas, das wie ein Arm aussah. Der Arm streckte sich nach mir aus und ergriff mich bei meinem Haarschopf. Dann hob mich der Geist hoch in die Luft (Hes 8,3 ERV).

Echt verrückt. Wir werden in den kommenden Jahren einige lustige Dinge erleben. Nicht alles davon ist total ernst. Bei manchem geht es auch einfach um Freude! Gott ist der glückselige Gott (1Tim 1,11).

Levitation ist kein rein katholisches Phänomen. Der große Heilungsapostel John G. Lake erlebte Schwebewunder in seinen Veranstaltungen. Lake schreibt:

Eines Abends kam der Geist des Herrn, während ich predigte, auf einen Mann in der ersten Reihe. Es war Dr. E.H. Cantel, ein Diener Gottes aus London. Er blieb in einer sitzenden Haltung, aber begann langsam aus seinem Stuhl aufzusteigen: langsam ging er wieder runter in den Stuhl und dann begann er wieder hoch zu schweben, noch etwas höher, dann ging er wieder langsam runter. Das wiederholte sich dreimal. War es eine Umkehrung der Schwerkraft? Ich denke nicht. Mein eigenes Empfinden ist, dass sich seine Seele so stark mit dem Geist Gottes verband, dass die anziehende Kraft Gottes so intensiv wurde, dass sie ihn hochzog.[8]

Prophet Bobby Connor hat auch eine lustige Levitationsgeschichte zu bieten. Bobby diente im Ausland auf einer Versammlung von

Tausenden. Er verkalkulierte sich mit dem Ende der Bühne und machte einen Schritt über die Kante hinaus. Erstaunlicherweise schwebte er in der Luft. Entsetzt eilte er zurück auf die Bühne. Später fragte Bobby den Herrn, warum dies Wunder geschehen sei. Gott sagte, er habe es getan, damit sich Bobby nicht blamiert! Echt witzig! Das ist wahre Freundschaft!

Wir hatten auch schon viel Spaß mit Levitation. Ich war in Melbourne, in Australien, und diente mit Ian Clayton. Morgens konnte ich an seinem Gesicht ablesen, dass er eine besondere Nacht hinter sich hatte. Ian hatte wieder diesen Ewigkeitsblick. Er erzählte uns, was geschehen war. Er sagte, er sei mitten in der Nacht aufgewacht und sein Bett sei einige Zentimeter hoch in der Luft geschwebt. Er war überrascht. Wir lachten darüber. Es war einfach lustig. Ian konnte es nicht erklären!

Was immer wir über dieses Thema denken mögen, in unserer „Kainos"-Rasse werden irgendwann ALLE wissen, wie man frei schwebt. Diese Zukunft ist bereits in der Schrift beschrieben. Wir werden Jesus in der Luft begegnen:

Der Meister selbst wird das Kommando geben. Erzengel lasst es donnern! Gottes Trompeten ertönt! Er wird vom Himmel herabkommen und die Toten in Christus werden aufstehen – sie werden als Erste dran sein. Dann wird der Rest von uns, der zu jener Zeit noch am Leben ist, gemeinsam mit ihnen in die Wolken hochgehoben werden, um dem Meister zu begegnen. Oh, *wir werden auf Luft gehen!* Und dann wird es eine große Familienzusammenführung mit dem Meister geben. Deshalb ermutigt euch gegenseitig mit diesen Worten (1Thess 4,15-18 MSG).

Das wird ein richtig großartiger, glückseliger Tag sein.

Wir sehen uns in den Wolken!

ÜBER DEN AUTOR

Justin Paul Abraham ist ein beliebter Podcaster und internationaler Sprecher, der für seine fröhliche Lehre über das glückliche Evangelium, die mystischen Bereiche Gottes und die KAINOS-Realitäten der neuen Schöpfung bekannt ist. Er lebt in Großbritannien mit seinen vier Kindern Josh, Sam, Beth und Oliver und seiner inspirierenden Frau Rachel Abraham.

www.companyofburninghearts.com

Seraph Creative is a collective of artists, writers, theologians & illustrators who desire to see the body of Christ grow into full maturity, walking in their inheritance as Sons Of God on the Earth.

Sign up to our newsletter to know about the release of new books by Justin Paul Abraham as well as other exciting releases.

Visit our website :

www.seraphcreative.org

www.ingramcontent.com/pod-product-compliance
Lightning Source LLC
Chambersburg PA
CBHW071620080526
44588CB00010B/1200